Richtig werben

Dr. Regine Kalka,
Dr. Andrea Mäßen

STS | *Verlag*

Die Deutsche Bibliothek – CIP-Einheitsaufnahme

Kalka, Regine:
Richtig werben / Regine Kalka ; Andrea Mäßen. – Planegg : STS-Verl., 2000
  (STS-TaschenGuides)
  ISBN 3-86027-261-6

ISBN 3-86027-261-6
Bestell-Nr. 00854-0001

© 2000, STS Verlag, ein Unternehmen der Haufe Verlagsgruppe
Postanschrift: Postfach 13 63, 82142 Planegg
Hausanschrift: Fraunhoferstraße 5, 82152 Planegg
Fon (0 89) 8 95 17-2 00, Fax (0 89) 8 95 17-2 50
E-Mail: online@haufe.de, Internet: http://haufe.de,
http://www.taschenguide.de
Lektorat: Dipl.-Kff. Dunja Reulein, Dr. Ilonka Kunow

Alle Rechte, auch die des auszugsweisen Nachdrucks, der fotomechanischen Wiedergabe (einschließlich Mikrokopie) sowie der Auswertung durch Datenbanken oder ähnliche Einrichtungen vorbehalten.

Satz + Layout: Satzstudio »Süd-West« GmbH, 82166 Gräfelfing
Umschlaggestaltung: Agentur Buttgereit & Heidenreich, 45721 Haltern am See
Druck: J. P. Himmer GmbH & Co. KG, 86167 Augsburg

TaschenGuides – alles was Sie wissen müssen

Für alle, die wenig Zeit haben und erfahren wollen, worauf es ankommt. Für Einsteiger und für Profis, die ihre Kenntnisse rasch auffrischen wollen.

Sie sparen Zeit und können das Wissen effizient umsetzen:

Kompetente Autoren erklären jedes Thema aktuell, leicht verständlich und praxisnah.

In der Gliederung finden Sie die wichtigsten Fragen und Probleme aus der Praxis.

Das übersichtliche Layout ermöglicht es Ihnen sich rasch zu orientieren.

Anleitungen „Schritt für Schritt", Checklisten und hilfreiche Tipps bieten Ihnen das nötige Werkzeug für Ihre Arbeit.

Als Schnelleinstieg die geeignete Arbeitsbasis für Gruppen in Organisationen und Betrieben.

Wir freuen uns auf Ihre Anregungen.
Ihr STS Verlag
Fraunhoferstraße 5 – 82152 Planegg
Fon 0 89 / 8 95 17-2 22
Fax 0 89 / 8 95 17-2 90

Inhalt

- 6 **Vorwort**
- 7 **Was ist Werbung?**
- 8 Warum Werbung wichtig und notwendig ist
- 10 Was Werbung erreichen soll
- 12 Wie Sie durch Werbung mit Ihren Kunden „sprechen"
- 14 Warum Werbung auf Konsumenten wirkt

- 19 **Wie Sie Ihre Werbeaktivitäten richtig vorbereiten**
- 20 Wie Sie Ihre Werbung Schritt für Schritt planen
- 22 Legen Sie fest, was Sie erreichen möchten
- 26 Kalkulieren Sie Ihr Werbebudget
- 28 Wie Sie Ihre Zielgruppe bestimmen
- 33 Wie Sie mit einer Werbeagentur zusammenarbeiten

Die Werbebotschaft richtig gestalten ▪ 35
Bilder, Sprache, Farben ▪ 36
Wie Sie eine Werbebotschaft entwickeln ▪ 45
Mehr Erfolg mit einer Copy Strategie ▪ 51
Mit Wirkung umgesetzt:
von der Anzeige zum Plakat ▪ 53
Was in der Werbung nicht erlaubt ist ▪ 62

Vom Werbemedium zur Erfolgskontrolle ▪ 69
Wählen Sie die richtigen Medien aus ▪ 70
Welche Medienarten Ihnen zur Verfügung
stehen ▪ 71
Welche Informationsgrundlagen Sie
benötigen ▪ 96
Wie Sie die Auswahl der Werbemedien
abwickeln ▪ 107
Wo Sie sonst noch werben können ▪ 109
Wie Sie den Erfolg Ihrer Werbung
kontrollieren ▪ 113

Literatur ▪ 126
Stichwortverzeichnis ▪ 127

Vorwort

Der zunehmende Wettbewerb zwingt gerade auch kleinere und mittlere Unternehmen, sich verstärkt mit dem Thema Werbung auseinander zu setzen. Wie gehen Sie das Thema Werbung praktisch an? Wie schaffen Sie es, bei potenziellen Kunden Aufmerksamkeit und Akzeptanz für Ihr Produkt oder Ihre Dienstleistung und damit einen Vorsprung gegenüber Ihrer Konkurrenz zu erreichen?

Der vorliegende TaschenGuide informiert Sie über die Grundlagen, warum und wie Werbung auf Kunden wirkt. Er gibt Ihnen praktische Tipps und Hinweise zur Planung und Vorbereitung Ihrer Werbung, zahlreiche Checklisten und Schritt-für-Schritt-Anleitungen zeigen Ihnen, wie Sie Werbebotschaften gestalten können. Sie erhalten auch eine nützliche Übersicht über die Unterschiede der zur Verfügung stehenden Medien und erfahren, wie Sie den Erfolg Ihrer Werbung praxisgerecht überprüfen können.

Bei Frau Dr. Ilonka Kunow und Frau Dunja Reulein möchten wir uns für die gute Zusammenarbeit bedanken.

Dr. Regine Kalka und Dr. Andrea Mäßen

WAS IST WERBUNG?

Warum Werbung wichtig und notwendig ist

Was Werbung erreichen soll

Wie Sie durch Werbung mit Ihren Kunden „sprechen"

Warum Werbung auf Konsumenten wirkt

Warum Werbung wichtig und notwendig ist

Betrachtet man die 60 Milliarden jährlicher Werbeinvestitionen in Deutschland und die jährlichen Wachstumsraten von ca. 5 %, so stellt sich die Frage, ob es denn notwendig ist, soviel für Werbung auszugeben. Die Antwort ist: Ja.

Durch Werbung können Sie für Ihr Produkt oder Ihre Dienstleistung bei den Verbrauchern, insbesondere bei Ihrer Zielgruppe, Aufmerksamkeit erzeugen und einen Bekanntheitsgrad aufbauen. Dies ist heute wichtiger denn je. Wegen der Vielzahl von Produkten und Dienstleistungen ist es für den Konsumenten schwierig bzw. unmöglich, sich einen Überblick über das gesamte auf dem Markt vorhandene Angebot zu verschaffen und alle Informationen so aufzunehmen und zu verarbeiten, dass er eine genau durchdachte Auswahl für ein bestimmtes Produkt treffen kann.

> ■ Mit Hilfe der Werbung können Sie Konsumenten beeinflussen und Ihre Produkte bzw. Ihre Dienstleistung in den Vordergrund stellen. ■

Das Überangebot an Produkten führt auch zu einem Verdrängungswettbewerb. Die Produkte sind technisch ausgereift, wirkliche Neuheiten sind nur noch in begrenztem Umfang möglich und werden von der Konkurrenz schnell nachgeahmt. Die geringen Qualitätsunterschiede führen zu einer weitgehenden Austauschbarkeit vieler Produkte. Bei so verschiedenen Angeboten, wie z. B. Zigaretten, Kühlschränken oder Versicherungs- und Bankdienstleistungen, sind Unterschiede in Produkt oder Dienstleistung kaum noch zu erkennen.

Die Werbung kann dabei helfen, dass Ihr Produkt oder Ihre Dienstleistung in den Augen der Konsumenten anders bewertet wird als die Angebote der Konkurrenten, trotz vielleicht nicht vorhandenem bzw. auf den ersten Blick nicht erkennbarem Unterschied. Denn Werbung überzeugt die Konsumenten heute kaum noch mit Informationen über die Qualität, stattdessen erhalten emotionale Aspekte eine immer größere Bedeutung. Auch durch Werbung aufgebaute Marken spielen eine wichtige Rolle, weil sie sehr stark mit Gefühlen besetzt sind und durch ihre Bekanntheit Vertrauen erwecken.

Werbung ist ein Marketinginstrument

Erfolgreiches Marketing muss neben einem guten und marktgerechten Produkt, der entsprechenden Preisfestsetzung und der Verteilung der Produkte auch kommunikative Aufgaben erfüllen. Das bedeutet, Sie müssen mit Ihren Kunden in Kontakt treten und ihnen Botschaften vermitteln. (Weitere Informationen über erfolgreiches Marketing finden Sie übrigens im TaschenGuide *Marketing*, Band 15.)

■ Mit Hilfe geeigneter Kommunikationsmittel sollen die Kunden über das Leistungsangebot des Unternehmens informiert werden. Die Kommunikation hat zum Ziel, Interesse für das Angebot zu wecken, mögliche Fehleinstellungen zu korrigieren, Unwissen zu beseitigen und Beweggründe für das Kaufen der Produkte zu vermitteln. ■

Der Bereich Kommunikation besteht aus:

- Verkaufsförderungsmaßnahmen, welche alle Aktionen umfassen, die den Absatz kurzfristig und unmittelbar stimulieren sollen,
- Öffentlichkeitsarbeit, auch Public Relations (PR) genannt, welche die systematische Pflege der Beziehungen zur Öffentlichkeit sowie das Erreichen von öffentlichem Vertrauen zur Aufgabe hat,
- persönlichem Verkauf als direkten Kontakt zwischen einem Verkaufsmitarbeiter und dem Kunden mit dem Ziel, durch ein persönliches Gespräch einen Verkaufsabschluss zu erreichen,
- und Werbung.

Diese vier Kommunikationsinstrumente unterstützen sich gegenseitig und müssen deswegen aufeinander abgestimmt sein.

Was Werbung erreichen soll

Was versteht man unter dem Begriff Werbung?

Der Begriff „Werbung" ist zum ersten Mal in den 30er Jahren des 20. Jahrhunderts aufgetaucht. Vorher sprach man von „Reklame", worunter „Aufmerksamkeit wecken", „etwas bekannt machen" oder „Interesse wecken für etwas" verstanden wurde.

Für den Begriff Werbung gibt es eine Vielzahl von Definitionen, die sich im Laufe der Jahre immer wieder verändert haben, weil sich auch die Bedingungen für die Werbung geändert haben. Vergleichen Sie eine Werbung aus den 50er Jahren, z. B. die des Waschmittels Persil, mit der heutigen Werbung, so werden Ihnen die Veränderungen sehr deutlich werden. Neben dem gesellschaftlichen Wandel spielen auch die technologischen Veränderungen, wie z. B. die Werbung im Internet, eine große Rolle.

Grundsätzlich lässt sich aber Werbung wie folgt definieren:

> ■ Werbung ist ein zielgerichtetes Kommunikationsmittel, dass das Verhalten der Konsumenten beeinflussen will. Sie vermittelt Informationen auf sachlicher oder gefühlsmäßiger Ebene. ■

Welche Aufgaben soll die Werbung erfüllen?

Die Aufgaben der Werbung sind:

- Produkte und Dienstleistungen bei den Konsumenten bekannt zu machen,
- Kunden über Produkte und Dienstleistungen zu informieren und auf Produktneuheiten und Ideen aufmerksam zu machen,
- Konsumenten zu beeinflussen, bestimmte Produkte/Dienstleistungen zu kaufen,
- eine positive Meinung über das Unternehmen herzustellen bzw. dem Unternehmen und den Marken ein bestimmtes Profil zu verschaffen.

Wie Sie durch Werbung mit Ihren Kunden „sprechen"

Werbung ist ein Kommunikationsprozess, der auf das Verhalten der Konsumenten ausgerichtet ist, bzw. den Konsumenten beeinflussen will. Sie als Werbetreibender wollen mittels einer Werbebotschaft Ihre Zielpersonen, die Empfänger der Werbebotschaft, beeinflussen. Dazu sind folgende Schritte notwendig:

1 Sie müssen zuerst Ihre festgelegten Werbeziele in eine gut gestaltete Werbebotschaft umsetzen. Damit die Botschaft auch richtig beim Empfänger ankommt, muss sie entsprechend verpackt werden. Das bedeutet, dass die Botschaft durch passende Gestaltungselemente wie Wörter, Bilder, Farben etc. in ein Werbemittel (Anzeige, TV-Spot) übertragen werden muss.

2 Der daraus entstandene Werbemittelentwurf wird häufig einer Zwischenkontrolle unterzogen. In einem so genannten Pre-Test (Vorab-Test) zeigt sich, ob die Werbebotschaft bei den ausgewählten Zielpersonen richtig angekommen ist und verstanden wurde.

3 Mittels eines Werbeträgers (z. B. Zeitung, TV) kommt das Werbemittel nun zu den Empfängern. Ihre Zielpersonen erkennen in den übermittelten Symbolen der Werbemittel eine Botschaft, verarbeiten und speichern sie und reagieren darauf. Wie die Empfänger sie verstehen, hängt von deren eigenen Wertvorstellungen, Erfahrungen und Bedürfnissen ab, geschieht also nicht unbedingt immer in dem vom Sender beabsichtigten Sinn.

4 Im Rahmen des so genannten Feedbacks erfahren Sie die Reaktionen der Empfänger.

5 Zur Kontrolle der Wirkung wird zu einem späteren Zeitpunkt nach Abschluss der Werbekampagne geprüft, ob die gesetzten Werbeziele auch tatsächlich erreicht worden sind.

Häufig kommt es vor, dass der Empfänger in der Werbung eine andere Botschaft entschlüsselt und interpretiert, als sie von Ihnen beabsichtigt war. Solche Missverständnisse können mehrere Gründe haben:

Checkliste: Beugen Sie möglichen Missverständnissen frühzeitig vor

Haben Sie Ihre Werbebotschaft vor ihrem Einsatz auf Verständlichkeit geprüft?	✔
Kennen Sie die individuellen Eigenschaften, Werte und Bedürfnisse Ihrer Zielpersonen?	
Falls Sie eine Werbeagentur eingeschaltet haben, sind Sie sicher, dass es keine Missverständnisse gab?	
Haben Sie den richtigen Werbeträger gewählt?	
Erreichen Sie Ihre Zielpersonen durch das Medium und wirkt der Werbeträger glaubwürdig?	
Können technische Übermittlungsfehler bei den Werbeträgern auftreten?	

Warum Werbung auf Konsumenten wirkt

Wovon die Kaufentscheidung abhängt

Werbung will in erster Linie auf die Kaufentscheidung der Konsumenten wirken. Diese hängt aber nicht nur von der Werbung ab, sondern es spielen noch andere Faktoren eine Rolle, z. B. die Beratung durch den Händler, die Empfehlungen von Freunden und Bekannten, die Informationen von Verbraucherorganisationen oder Internet-Präsentationen, Warentestberichte, Erfahrungen mit dem Produkt bzw. anderen Produkten des Herstellers.

Um wirklich die Kaufentscheidung durch Werbung beeinflussen zu können, müssen Sie die Einflussfaktoren kennen. Das bedeutet, Sie benötigen Informationen darüber, welche Wirkung die Werbung bei Ihren Zielpersonen hat.

Es gibt nicht „die Werbung" und nicht „das Wirkungsmodell" der Werbung. Verschiedene Bedingungen und Darbietungsformen von Werbung können zu unterschiedlichen Wirkungen führen.

Berücksichtigen Sie die Einflussfaktoren der Werbewirkung

Die Werbewirkung bei den Zielpersonen hängt von verschiedenen individuellen Faktoren ab:

- psychischen Prozessen wie der Wahrnehmung der Werbung und der Weiterverarbeitung im Gedächtnis,
- psychographischen und soziodemographischen Merkmalen wie z. B. Einstellungen, Motive, Bildungsniveau, Einkommen oder die Betroffenheit (Involvement),
- kulturellen Einflüssen.

Wie psychische Prozesse die Werbewirkung beeinflussen

Bei der Werbewirkung sind psychische Prozesse beteiligt. Die Wahrnehmung ist hierbei von besonderer Bedeutung. Menschen nehmen ihre Umwelt selektiv und subjektiv wahr, d. h. bei verschiedenen Menschen werden unterschiedliche Dinge Aufmerksamkeit erregen.

> - Für Ihre Werbebotschaft bedeutet das: Ihre Werbung steht in Konkurrenz zu vielen anderen Informationen. Sie müssen mit Ihrer Werbebotschaft Aufmerksamkeit erregen.

Eine wahrgenommene Information wird zuerst ins Kurzzeitgedächtnis aufgenommen und dann in das Langzeitgedächtnis übernommen. So kann der Mensch Informationen immer wieder abrufen und sich daran erinnern. Das umworbene Produkt muss also im Langzeitgedächtnis Ihrer Zielperson gespeichert werden, damit als Werbewirkung eine spätere Handlung bzw. Reaktion folgen kann. Je öfter Ihre Kunden mit einer Werbebotschaft konfrontiert werden, desto besser werden sie sie sich merken.

> ■ Für Sie bedeutet das: Wollen Sie, dass Ihre Zielpersonen die Werbebotschaft im Langzeitgedächtnis speichern, müssen Sie Ihre werbenden Aussagen häufiger aussenden. ■

Aber die Anzahl der Wiederholungen alleine reicht nicht aus. Schlechte Werbebotschaften werden auch bei Wiederholungen nicht beachtet und auch nicht gespeichert.

Die Gestaltung Ihrer Werbung mittels Text und Sprache oder mittels eines Bildes beeinflusst ebenfalls die Werbewirkung. Die gedankliche Verarbeitung erfolgt entweder im sprachlichen oder nicht-sprachlichen Teil des Gehirns. Im sprachlichen Teil dominiert das logische Denken, im nicht-sprachlichen Teil werden Bilder, musikalische, Duft- und sonstige Reize verarbeitet. Sie sind eng mit dem emotionalen Verhalten des Menschen verknüpft. Mit Ihrer Werbung müssen Sie auf beides Einfluss nehmen.

Wie Sie soziodemographische und psychographische Merkmale für Ihre Werbung nutzen können

Die Interpretation von Werbeaussagen und die daraus folgende Werbewirkung wird auch z. B. durch das Bildungsniveau, das Interesse, die Motive, das Betroffensein, die Fachkenntnisse, die Einstellung bestimmt. Darüber, welche Bedeutung die einzelnen Merkmale für die Werbewirkung haben, gibt es keine einheitliche Meinung.

> ■ Eine zentrale Rolle spielt sicherlich das Betroffensein der Empfänger, was Werbefachleute als „Involvement" bezeichnen. Darunter versteht man den Einsatz, mit dem sich jemand einer Sache oder Aktivität zuwendet.

Ob der Leser einer Zeitschrift eine Anzeige nur überblättert oder sie genauer betrachtet wird z. B. davon beeinflusst, inwieweit er sich in diesem Moment für das Produkt interessiert. Wie stark seine Aufmerksamkeit ist, hängt aber auch von situativen Einflüssen ab, also z. B. von der Umgebung, in der sich die Empfänger während der Wahrnehmung der Werbung befinden und der Zeit, welche sie für die Wahrnehmung haben. Ob Ihre Werbung in häuslicher oder beruflicher Umgebung aufgenommen wird, kann entscheidende Auswirkungen auf die Wirkung der Werbung haben.

Beispiele

Ein Junggeselle wird sich einen Werbespot für Abflussreiniger dann genauer anschauen bzw. überhaupt wahrnehmen, wenn gerade sein Küchenabfluss verstopft ist.

Ein Autoliebhaber, der regelmäßig Autozeitschriften liest, wird eine besonders auffallende Werbung für ein neues Auto nur flüchtig beachten, wenn er sich gerade ein neues Auto gekauft hat.

Schalten Sie Ihre Anzeige in einer breit gestreuten Zeitschrift (d. h. die Leser sind ganz unterschiedlich) wie z. B. „Stern" oder „TV-Movie", so müssen Sie davon ausgehen, dass das Gros der Leser von Ihrer Anzeige wenig betroffen ist. Um hier trotzdem eine Werbewirkung zu erzielen, kommt es weniger auf den Inhalt der Werbebotschaft an. Der gering involvierte

Empfänger wird sich dann für die Werbung interessieren, wenn ihm die äußere Gestaltung, die emotionale Aufmachung, also das „Wie" der Werbung auffällt.

Schalten Sie aber z. B. eine Anzeige für Golfschläger in einer Golfzeitschrift, so können Sie davon ausgehen, dass das Interesse der Empfänger recht hoch sein wird. Hier ist der Inhalt der Werbebotschaft von größerer Bedeutung. Auch die Anzahl der Wiederholungen hängt von dem erwarteten Betroffensein ab. Je geringer es ist, desto häufiger müssen Sie Ihre Werbung wiederholen.

Wie kulturelle Einflüsse wirken

Die kulturellen Einflüsse spielen insbesondere bei der internationalen Werbung eine große Rolle. Ein noch so gut übersetzter Werbespot kann verschiedene Kulturen unterschiedlich ansprechen und dadurch unterschiedlich interpretiert werden. Aber auch innerhalb einer Kultur gibt es verschiedene Gruppen, die ihre eigene Sprache entwickelt haben. Jugendliche benutzen teilweise andere Wörter als Erwachsene. Dies müssen Sie in Ihren Werbeaussagen beachten.

Wie Sie Ihre Werbeaktivitäten richtig vorbereiten

Wie Sie Ihre Werbung Schritt für Schritt planen

Legen Sie fest, was Sie erreichen möchten

Kalkulieren Sie Ihr Werbebudget

Wie Sie Ihre Zielgruppe bestimmen

Wie Sie mit einer Werbeagentur zusammenarbeiten

Wie Sie Ihre Werbung Schritt für Schritt planen

Ausgangspunkt jeder Werbeaktivität ist eine genaue Werbeplanung. Der Werbeplan basiert auf den Ergebnissen einer sorgfältigen Marketing-Analyse, anhand welcher Sie Informationen über den Markt (Ihre Kunden), Ihre Konkurrenten und Ihr eigenes Unternehmen gewinnen. (Weitere Informationen hierzu finden Sie im TaschenGuide *Marktforschung*.)

1. Basierend auf diesen Daten und Informationen müssen Sie im ersten Schritt des Werbeplans präzise Werbeziele festlegen. Präzise Werbeziele sind auch erforderlich, um Ihre Werbeaktivitäten kontrollieren zu können.

2. Im zweiten Schritt wird das Budget bestimmt, welches vom gesamten Marketing-Etat auf die Werbung entfallen soll.

3. Zu jeder Werbeplanung gehört weiterhin die Festlegung der Zielgruppe, an die sich die Werbekampagne richten soll. Hierfür brauchen Sie genaue Informationen über die Eigenschaften und Merkmale der Zielgruppe.

4. Mit Hilfe dieser Erkenntnisse können Sie eine Werbeagentur „briefen". (Im so genannten „Briefing" teilen Sie der Agentur Ihre Vorstellungen und Wünsche bzw. Anforderungen mit.)

5. Im nächsten Schritt wird die Werbebotschaft so formuliert und gestaltet, dass sie von ihrer Zielgruppe richtig interpretiert und verarbeitet werden kann.

6 Anschließend werden die Werbemittel ausgewählt, welche die Zielgruppe besonders gut ansprechen.

7 Danach müssen Sie bestimmen, in welchen Medien Ihre Werbung wie oft und wann erscheinen soll.

8 Im letzten Schritt der Werbeplanung müssen Sie eine Werbewirkungskontrolle durchführen. Hierbei überprüfen Sie, inwieweit Ihre Werbeziele erreicht worden sind.

Werbepläne werden in der Regel für die Dauer eines Jahres aufgestellt.

Checkliste: Schritte der Werbeplanung

1	Erstellen Sie eine Marketing-Analyse und legen Sie Ihre Werbeziele fest.	✔
2	Bestimmen Sie Ihr Werbebudget.	
3	Definieren Sie Ihre Zielgruppe und deren Merkmale.	
4	Briefen Sie Ihre Werbeagentur.	
5	Formulieren Sie die Werbebotschaft.	
6	Wählen Sie die Werbemittel aus.	
7	Bestimmen Sie die Werbeträger und lassen Sie die zeitlichen Einsätze festlegen.	
8	Führen Sie eine Werbeerfolgskontrolle durch.	

Legen Sie fest, was Sie erreichen möchten

Bevor Sie Werbemaßnahmen durchführen, müssen Sie sich fragen: „Was will ich überhaupt mit der Werbung erreichen?" Nur wenn Sie Werbeziele definieren, können Sie überprüfen, ob die ausgewählte Werbeaktivität auch tauglich war – oder die Ziele unrealistisch. Die eindeutige Festlegung von Werbezielen ist daher entscheidend für den Erfolg der Werbung.

Welche Ziele Sie mit Ihrer Werbung verfolgen können

Die Werbeziele ergeben sich aus den Marketing-Zielen, die wiederum auf den Unternehmenszielen basieren. Nach dem Inhalt der Ziele lässt sich zwischen ökonomischen und außerökonomischen Werbezielen unterscheiden.

Die ökonomischen Werbeziele orientieren sich an monetären, wirtschaftlichen Größen. Zu ihnen zählen z. B.:

- Umsatzverbesserung im Vergleich zur Vorperiode,
- Gewinnverbesserung,
- Marktanteilssteigerung,
- Erhöhung des Deckungsbeitrages.

Ökonomische Werbeziele weisen gravierende Probleme bei der Zurechnung der Werbeaktivität auf die Zielrichtung auf:

- Wirtschaftliche Größen werden von vielen Marketing-Aktivitäten gleichzeitig beeinflusst. Ob das Ziel erreicht wird oder nicht, hängt nicht nur von der Werbung ab.
- Der werbebedingte Umsatz- oder Gewinnbeitrag tritt nicht unmittelbar nach Beginn der Werbekampagne auf. Die Werbewirkung wird oft erst mit zeitlicher Verzögerung erreicht bzw. dauert über einen längeren Zeitraum an.

Wegen dieser Probleme sollten Sie besonders auf außerökonomische Ziele Gewicht legen, die nicht monetärer, sondern meistens psychologischer Art sind und auf das Verhalten der Konsumenten abzielen. Hierzu zählen beispielsweise:

- Bekanntmachung eines neuen Produkts,
- Erhöhung des Bekanntheitsgrades bereits vorhandener Produkte,
- Beeinflussung des Produktimages,
- Erhaltung der Kundentreue,
- Änderung von Einstellungen zu dem Produkt, wie z. B. Sympathie wecken,
- Verstärkung von Kaufabsichten.

Um diese Ziele erreichen zu können, müssen Sie verstehen und nachvollziehen können, wie die Werbung wirkt und von was die Wirkung der Werbung abhängt.

Wie Sie Werbeziele formulieren

Werbeziele müssen so genau formuliert werden, dass Sie später kontrollieren können, ob das Ziel erreicht worden ist. Hierfür müssen Sie Angaben machen über:

- Werbeobjekt: Sie müssen in Ihrem Werbeziel als erstes das Werbeobjekt benennen, d. h. für welches Produkt oder welche Leistung geworben werden soll.
- Zielart: Sie müssen entscheiden, welches ökonomische oder psychologische Werbeziel verfolgt werden soll.
- Ausmaß der Zielart: Sie müssen eine Messgröße festlegen bzw. dem Ziel eine Dimension geben. Die Zielformulierung kann in absoluten Zahlen oder Prozent ausgedrückt werden, wie z. B. die Erhöhung des Bekanntheitsgrades um x %, die Erreichung der Kaufabsicht von y % oder die Einstellungsänderung auf z %.
- Zeitbezug: Der Zeitbezug bestimmt, in welchem Zeitraum das Werbeziel erreicht werden soll.
- Zielgruppe: Sie müssen die Personen, an die sich das Werbeziel richten soll, definieren.

Fragen Sie: Ist das Werbeziel

- eindeutig?
- realisierbar?
- aktuell?
- frei von Widersprüchen?
- innerhalb des Unternehmens durchsetzbar?

Beispiel: Ableitung des Werbeziels aus dem Unternehmensziel

<u>Unternehmensziel:</u> Erhöhung des Shareholder Value durch Umsatzsteigerung im Geschäftsfeld Fruchtsäfte.

<u>Marketing-Ziel:</u> Markteinführung von neuen Fruchtsäften für die Zielgruppe unter 14 Jahren und Aufbau von x % Marktanteil innerhalb von y Monaten.

<u>Werbeziel:</u> Aufbau eines Bekanntheitsgrades von x % innerhalb der Zielgruppe und Erreichung von y Versuchskäufen innerhalb von z Wochen.

Checkliste: Formulieren Sie Werbeziele richtig

Haben Sie Ihr Werbeziel von dem generellen Unternehmensziel und dem Marketing-Ziel abgeleitet? Steht es im Einklang zu diesen?	✔
Haben Sie das zu umwerbende Produkt bzw. die Dienstleistung genau beschrieben?	
Haben Sie auch außerökonomische Werbeziele festgelegt?	
Kennen Sie die Einflussfaktoren der Werbewirkung für Ihre Werbeziele?	
Haben Sie eine genaue Messgröße festgelegt?	
Ist der Zeitrahmen bestimmt?	
Haben Sie die Zielgruppe angegeben?	
Ist Ihr Werbeziel eindeutig, realistisch, aktuell, widerspruchsfrei und durchsetzbar?	

Kalkulieren Sie Ihr Werbebudget

Sie sollten die Höhe des Werbebudgets an Ihren Werbezielen ausrichten. Das Werbeobjekt, die Zielgruppen, die Werbemittel und die notwendigen Werbeträger beeinflussen die Budgethöhe. Sie müssen auch die Budgets der übrigen Marketing-Instrumente berücksichtigen und darauf achten, dass Ihr Werbeetat mit diesen abgestimmt ist.

In der Praxis haben sich folgende Vorgehensweisen durchgesetzt:

„Wieviel-haben-wir-übrig-Methode"

In vielen Unternehmen überlegt man einfach, wieviel Mittel nach Abzug anderer Kosten sozusagen „übrig" sind. Die Werbeausgaben orientieren sich daher in erster Linie an der Liquidität des Unternehmens. Diesen Ansatz sollten Sie nicht wählen, denn Ihre finanziellen Mittel sagen nichts darüber aus, wie und in welchem Umfang Sie Werbung betreiben sollten.

„Prozentsatz-des-Umsatzes-Methode"

Die meisten Unternehmen legen einen bestimmten Prozentsatz des vergangenen, gegenwärtigen oder geplanten Umsatzes als Werbebudget fest. Als Faustregel gilt hier 5 –10 %. Einige Unternehmen setzen auch anstelle des Umsatzes den Gewinn an. Diese Methode ist sehr einfach und ermöglicht durchaus eine mittelfristige Werbeplanung. Nachteilig ist, dass sich die Werbeausgaben ohne Bezug auf sonstige Faktoren ausschließlich vom Umsatz ableiten.

„Wie-hoch-ist-das-Konkurrenzbudget-Methode"

Die Festlegung des Werbebudgets orientiert sich an den Gepflogenheiten der Konkurrenz. Es gilt ein durchschnittlicher, branchenüblicher Wert aus der Vergangenheit. Man geht davon aus, dass die Ausgaben der Konkurrenten die Erfahrungen aus der Branche repräsentieren und die Marktsituationen und -bedingungen für alle Unternehmen in der Branche gleich seien. Letzteres trifft jedoch nicht immer zu, und außerdem wollen Sie sich ja von Ihren Konkurrenten absetzen. Deswegen ist auch diese Methode nicht frei von Risiken.

„Zielorientierte Methode"

Bei dieser Methode legen Sie Ihr Werbeziel fest und versuchen dann, es mit möglichst geringen Kosten zu erreichen. Hier sind drei Bedingungen notwendig:

1. Das Werbeziel liegt in messbaren Größen vor.
2. Die Werbemittel und -träger sind eindeutig festgelegt.
3. Die Kosten der Werbemittel und -träger sind genau bestimmt und ermittelt.

Das Werbebudget ergibt sich aus der Summe dieser Kosten plus der Vergütung für die Werbeagentur. Diese Methode ist zwar arbeitsaufwendig, die intensive Auseinandersetzung mit den einzelnen Kosten kann aber auch das Kostenbewusstsein erhöhen und zu Kosteneinsparungen führen. Sie sollten Ihr Werbebudget auf diese Art und Weise festlegen, da sie so Ihren Werbezielen gerecht werden und auch eine Kostenkontrolle durchführen können.

Wie Sie Ihre Zielgruppe bestimmen

Warum Sie eine Zielgruppe auswählen müssen

Ihre Zielgruppe stellen jene Personen dar, die Sie mit Ihrer Werbung ansprechen möchten. Nur wenn Sie Ihre Zielgruppe genau kennen und verstehen, ihre Verhaltensweisen richtig begreifen und einschätzen können, lässt sich die Werbebotschaft so gestalten, dass diese Kundengruppe sie richtig interpretiert und ihr Verhalten auch beeinflusst wird. Besonders emotionale Aspekte spielen in der Werbung eine immer größere Rolle. Daher ist es wichtig, die Lebenswelt der Zielgruppe genau zu verstehen. Auch Ihre Mediaplanung ist abhängig von der festgelegten Zielgruppe. Möchten Sie Jugendliche mit Ihrer Werbung ansprechen, macht es wenig Sinn, z. B. in der Zeitschrift „Gala" Anzeigen zu schalten.

> ■ Ihr Werbeerfolg hängt entscheidend davon ab, dass Sie eine klar umrissene Zielgruppe definieren, und diese Kundengruppe durch die Werbung überzeugend und persönlich angesprochen und erreicht werden kann. ■

Wie Sie Ihre Zielgruppe beschreiben können

Die zahlreichen Möglichkeiten, eine Zielgruppe zu beschreiben, lassen sich in drei Merkmalsgruppen einteilen:

Wie sehen die soziodemographischen Merkmale Ihrer Zielgruppe aus?

Die klassischen Kriterien für die Zielgruppenbeschreibung sind die sozioökonomischen Merkmale. Hierzu zählen z. B.:

- Alter
- Geschlecht
- Bildung und Beruf
- Einkommen
- Soziale Schicht
- Herkunft nach Region oder Ortsgröße
- Wohnungsgröße

Statistiken zu diesen Merkmalen können Sie in der Regel leicht erhalten. Hierfür gibt es zahlreiches schon vorhandenes Material in Form von Media- und Verbraucheranalysen, die auch darüber informieren, wie diese sozioökonomischen Zielgruppen erreicht werden können. Der Nachteil ist, dass diese Merkmale beschreiben können, welche Zielgruppen Ihre Produkte kaufen, aber nicht, warum sie dies tun. Die Erklärung für das Kaufverhalten wird nicht berücksichtigt.

Beispiel: Soziodemographische Merkmale
Der weibliche Seniorenmarkt aus gehobener sozialer Schicht mit hohem Bildungsniveau.

Welches Kaufverhalten lässt sich beobachten?

Diese Merkmale sind für die Zielgruppenbeschreibung sehr wichtig, da sie genauere Prognosen über das Verhalten der Kunden zulassen. Diese sind z. B.:

- bisherige Kunden, Ab-und-zu-Kunden oder Nichtkunden
- Kaufvolumen
- Einkaufsstättenwahl
- Besitzmerkmale
- Markentreue

Aus diesen Merkmalen lässt sich aber auch nicht das zukünftige Kaufverhalten ableiten. Hier wird nur das Ergebnis festgehalten, das sich aus dem vergangenen Verhalten der Konsumenten ergibt. Deshalb bieten diese Merkmale nur Ansatzpunkte für eine wirksame Werbeaussage.

Beispiel: Merkmale des Kaufverhaltens
Die Nichtkunden, die regelmäßig in kleinen Fachgeschäften einkaufen und für Dosenmilch im Durchschnitt fünf Mark pro Monat ausgeben.

Wie Sie Ihre Zielgruppe durch psychographische Merkmale noch genauer eingrenzen

Mit Hilfe der psychographischen Merkmale können Sie Ihre Zielgruppe durch eine äußerst detaillierte Personenbeschreibung aus psychologischer Sicht festlegen. Zu diesen zählen z. B.

- Kaufabsicht
- Motive
- Wünsche
- Neigungen
- Einstellungen
- Vorurteile
- Lebensstil

Einige dieser Merkmale haben Sie bereits als Einflussfaktoren der Werbewirkung (siehe Seite 14) kennengelernt. Diese Daten sind allerdings nur durch eine relativ aufwendige, kostspielige Befragung verfügbar.

Die Lebensstil- bzw. Lifestyle-Forschung hat sich darauf spezialisiert, bestimmte Lebensstile von Verbrauchern zu untersuchen und zu beschreiben. Sie beschreibt Menschen, die sich in einem typischen Lebensstil ähnlich sind, wie z. B. der traditionelle Lebensstil, der moderne Lebensstil und der gehobene Lebensstil. Solche Erkenntnisse sind für die Werbung sehr wichtig.

Beispiel: Psychographische Merkmale
Die Trendbewussten und Aufstiegsorientieren, die eine positive Einstellung zu französischem Rotwein haben.

Worauf Sie bei der Zielgruppenfestlegung achten müssen

Bei der Festlegung und Beschreibung Ihrer Zielgruppe müssen Sie auf Folgendes achten:

- Die Merkmale müssen von entscheidender Bedeutung für das Kaufverhalten sein.

    Beispiel
    Das Geschlecht hat z. B. einen großen Einfluss auf die Wahl von Kosmetikprodukten, spielt aber beim Kauf von Fernsehgeräten überhaupt keine Rolle.

- Die Zielgruppe muss durch die Werbung angesprochen werden können. Wenn Sie Ihre Zielgruppe zu speziell und klein definieren, werden Sie keine Möglichkeit haben, diese durch vorhandene Medien anzusprechen.

- Die Merkmale der Zielgruppenbeschreibung müssen durch Marktforschung messbar und erfassbar sein.

    Beispiel
    Offenheit und Kritikfähigkeit sind z. B. Merkmale, die Sie nur schwer messen und erfassen können.

- Die Kosten, die sich aus der Beschreibung Ihrer Zielgruppe ergeben, wie z. B. Informationsbeschaffung und -verarbeitung, müssen Ihnen einen hohen Nutzen bzw. höhere Erlöse bringen.

Checkliste: Wie Sie Ihre Zielgruppe bestimmen und auswählen

Nach welchen sozioökonomischen Merkmalen können Sie Ihre Zielgruppe beschreiben? _____
Welches Kaufverhalten hat Ihre Zielgruppe? _____
Nach welchen psychographischen Kriterien lässt sich Ihre Zielgruppe charakterisieren? _____
Welche Lebensstil-Typen möchten Sie mit Ihrer Werbung ansprechen? _____
Kann die Zielgruppe überhaupt durch Werbung angesprochen werden? _____
Können Sie die Merkmale Ihrer Zielgruppe messen und erfassen? _____
Haben Sie den Kosten-/Nutzungsaufwand der Zielgruppenbeschreibung berücksichtigt? _____

Wie Sie mit einer Werbeagentur zusammenarbeiten

Wenn Sie mit einer Werbeagentur zusammenarbeiten möchten, müssen Sie sie im Detail „briefen". Die Qualität des Briefings bestimmt auch die Arbeit und den Erfolg der Werbeagentur.

> ■ Ein Briefing ist die schriftliche und sachliche Aufgabenstellung an eine Werbeagentur. ■

Ein Briefing sollte Informationen über das Unternehmen und die Werbeplanung enthalten:

Checkliste: Wie Sie eine Agentur briefen

Situationsanalyse: Welche Marktsituation liegt vor? Welche Position hat Ihr Unternehmen im Markt? Welche Stärken und Schwächen haben Ihre Konkurrenten? _____
Werbezweck: Warum wollen Sie werben? _____
Werbeobjekt: Wofür soll geworben werden? Was sind die wesentlichen Merkmale des Produkts bzw. der Dienstleistung? _____
Werbeziel: Was wollen Sie durch die Werbung erreichen? _____
Zielgruppe: Wer soll durch die Werbung angesprochen werden? Wie lässt sich die Zielgruppe beschreiben? _____

Werbegebiet: In welchem Land, welcher Stadt, welcher Region soll geworben werden? _____
Werbeetat: Wieviel soll für die Werbung ausgegeben werden? _____
Werbebotschaft: Was soll der Zielgruppe vermittelt werden? _____
Werbemittel: In welcher Form ist es angedacht zu werben? _____
Werbeträger: In welchen Medien soll die Werbung erscheinen? _____
Timing: Wann sollen Präsentationen stattfinden? Wann soll die Kampagne starten und wie lange soll sie dauern? _____
Ansprechpartner: Wer sind die Ansprechpartner für die Werbeagentur in Ihrem Hause? _____

Laden Sie die Werbeagentur zu einem mündlichen Briefing ein und reichen Sie später das schriftliche Briefing nach. Werden mehrere Werbeagenturen aufgefordert, auf Basis des Briefings eine Werbekonzeption abzugeben, nennt man das einen „Pitch". In der Regel erhalten die teilnehmenden Agenturen ein Anerkennungshonorar, das zumindest die Kosten der Agentur für die Wettbewerbs-/Pitchpräsentation decken sollte.

DIE WERBEBOTSCHAFT
RICHTIG GESTALTEN

Bilder, Sprache, Farben

Wie Sie eine Werbebotschaft entwickeln

Mehr Erfolg mit einer Copy Strategie

Mit Wirkung umgesetzt:
von der Anzeige zum Plakat

Was in der Werbung nicht erlaubt ist

Bilder, Sprachen, Farben

Die Gestaltung von Werbung ist stetigen Wandlungen unterworfen und in jedem Jahrzehnt auch ein Bestandteil gesellschaftlicher und kultureller Ausdrucksformen gewesen. Wenn Sie z. B. die Fernsehwerbung der 50er Jahre mit heutigen Spots vergleichen, so haben Sie es in Bezug auf Konzeption und Gestaltung mit zwei verschiedenen Welten zu tun. Mit einer Werbung aus der Nachkriegszeit ließe sich heute kein Produkt mehr verkaufen, außer Sie knüpfen an einen Klassiker oder die Nostalgie-Welle an.

> ■ Bei der Botschaftsgestaltung kommt es daher darauf an, dass Sie Ihre Zielgruppe richtig ansprechen. Die verbale und visuelle Gestaltung muss bei Ihrer Zielgruppe „ankommen" und ihrem Zeitgeist entsprechen, um die gewünschten Reaktionen auszulösen. ■

Bevor wir unterschiedliche Gestaltungsentwürfe der Werbung vorstellen, wollen wir einen kurzen Blick auf wichtige Elemente werfen, die Ihnen zur Gestaltung Ihrer Botschaft zur Verfügung stehen.

Setzen Sie auf die Wirksamkeit von Bildern

Wie schon beschrieben nehmen Bilder in der Werbung eine besondere Stellung ein. Ergebnisse der modernen Konsumforschung haben gezeigt, dass die menschliche Informationsverarbeitung zu einem großen Teil mittels „bildhafter Vorstellung" erfolgt.

Die überragende Wirkung von Bildern lässt sich durch folgende Effekte erklären:

Reihenfolgeeffekt

Da Bilder einen auf den ersten Blick überschaubaren Informationswert bieten, wird der Bildteil von Anzeigen gewohnheitsmäßig als Erstes fixiert und aufgenommen. Diese Tatsache ist vor allem auch deswegen interessant, weil Elemente, die zuerst aufgenommen werden, besser behalten und erinnert werden. Dies sind Erkenntnisse aus der Lerntheorie.

Aktivierungseffekt

Bilder lösen im Gegensatz zu Texten eine stärkere innere Aktivierung (Erregung) aus und verbessern dadurch die Wirkung Ihrer Werbung. Die Erregungswirkung von Bildern kann durch inhaltliche oder formale Gestaltungselemente geschaffen und – im Gegensatz zu Texten – auch relativ gut dosiert werden. Die Aktivierung durch Bilder fördert die Verarbeitung der Informationen, die Sie Ihrer Zielgruppe in Ihrer Werbebotschaft präsentieren.

Gedächtniseffekt

Bilder werden grundsätzlich besser in Erinnerung behalten als Worte. Dies hängt mit der Art und Weise zusammen, mit der wir Informationen in unserem Gehirn speichern. Die Verarbeitung und Speicherung von Informationen erfolgt grundsätzlich doppelt: Einmal durch Bilder und einmal durch Sprache. Bilder aktivieren sowohl das Bild- (rechte Gehirnhälfte) als auch das Sprachzentrum (linke Gehirnhälfte).

Manipulationseffekt

Bilder eignen sich besser zur Verhaltenssteuerung, weil ihre Wirkung vom Empfänger in der Regel weniger durchschaut und kontrolliert wird.

Bilder eignen sich besonders zur psychologischen Produktdifferenzierung, also zur emotionalen Aufladung von Markennamen.

Achten Sie auf die Sprache

Beim Text bzw. bei der verwendeten Sprache in der Werbung kommt es vor allem auf die Verständlichkeit an. Ob der Text in Ihrer Werbung tatsächlich verstanden wird, hängt zum einen von den Zielpersonen ab, zum anderen aber auch vom Text selbst.

Damit ein Leser bzw. Hörer eine Werbung verstehen kann, muss er sie „entschlüsseln". Entsprechend der den bereits beschriebenen Einflussfaktoren der Werbung (siehe Seite 14), d. h. je nach Kultur, Intellekt, Meinungen, Vorstellungen usw. Ihrer Zielgruppen verläuft dieser Vorgang etwas anders und ruft unterschiedliche Reaktionen hervor. Empfängerbezogene Faktoren sind daher sehr wichtig und müssen stets berücksichtigt werden.

Wortwahl und Satzlänge

Die Verständlichkeit der Sprache wird insbesondere durch die richtige Wortwahl und die Satzlänge bestimmt. Leicht verständlich sind häufig verwendete, allgemein bekannte Wörter der Umgangssprache, kurze Wörter oder konkrete, bildhafte Wörter. Für die Satzlänge gilt als generelle Faustregel, dass informationsreiche Botschaften in kurze Sätze gekleidet sein sollten.

Beispiel
„McDonalds ist einfach gut."

Die verwendeten Schriftarten

Auch die Schrift hat Einfluss auf die Verständlichkeit. Bei der Schrift ist insbesondere die Art des verwendeten Schrifttyps von Bedeutung. Erkennbarkeit und Lesbarkeit des Schrifttyps sowie die durch ihn ausgelösten Assoziationen bestimmen die Verständlichkeit. Beispielsweise wirken leichte, dünne Schriften modisch und vornehm, während Fraktur mit Vergangenheitsepochen verbunden wird.

Bei der Verwendung von Schrift sollten Sie auf folgende, allgemeine Punkte achten:

1 Viele unterschiedliche Schriftarten in einem Werbemittel erzeugen Unruhe. Verwenden Sie daher nur eine Schriftart.

2 Heben Sie ganz wenige und nur entscheidende Wörter heraus (am besten durch Fettdruck).

3 Schreibschriften sind immer schlechter lesbar als gedruckte Schriften.

4 Großbuchstaben sind schlechter lesbar als die übliche Groß- und Kleinschreibung.

Setzen Sie Substantive ein

Sie können Sprache gezielt dazu einsetzen, um auf das Denken, Fühlen und Handeln der Konsumenten einzuwirken. Die meisten Menschen stellen eine enge Beziehungen zwischen Worten und Sachen her, was für Ihre Werbung von Vorteil sein kann.

Beispiel für die Verknüpfung mit Substantiven
Der Begriff „Schönheitsspülung" in der Werbung für Kosmetik stellt z. B. eine enge Beziehung zwischen Wert und Sache her.

Es gibt eine erprobte Psychologie der Grammatik, die zeigt, wie mit grammatikalischen Kunstgriffen psychologische Effekte erzielt werden können. Die Bevorzugung von Substantiven trägt z. B. dazu bei, von einem bloßen Wort auf einen reellen Sachverhalt zu schließen.

In der Werbung können Sie dies dadurch erreichen, indem Sie Produkteigenschaften nicht, wie grammatikalisch üblich, mit Eigenschaftswörtern, sondern mit Substantiven ausdrücken. Meist handelt es sich um zusammengesetzte Wörter, die den Eindruck technischer Perfektion hervorrufen sollen, wie z. B. „Sekunden-Schnell-Korrektur" oder „Schönheitspflege".

Folgende Vorteile ergeben sich aus der Verwendung von Substantiven in der Werbebotschaft:

- Substantive wirken genauer, technischer und damit glaubwürdiger als Adjektive.
- Die Großschreibung der Substantive verleiht ihnen ein besonders optisches und damit auch gedankliches Gewicht.

Dies kann durch zusätzliche Verwendung des bestimmten Artikels (*der, die, das*) gesteigert werden.

- Die Verwendung von Substantiven ist außerdem ökonomisch, da Substantive häufig den Inhalt eines ganzen Satzes enthalten (z. B. „Energie-Spar-Automatik"). Wenn Sie bedenken, dass die Aufnahme jedes einzelnen Wortes durch das Auge Zeit beansprucht, wird klar, dass durch inhaltsreiche Substantive die Schnelligkeit der Informationsaufnahme gesteigert werden kann. Das ist gerade für die Werbung sehr wichtig.

Wie Sie Wertungen sprachlich kaschieren

Die Werbung ist voll von Versprechungen, Anpreisungen und Superlativen. Wertungen müssen, um keine psychologischen Widerstände hervorzurufen, so formuliert werden, dass sie als solche nicht erkennbar sind. Dazu können Sie zwei sprachliche Techniken einsetzen:

Eigenschaftstechnik

Sie können Eigenschaftswörter wählen, die entweder als Sachaussage oder als Wertung verstanden werden können.

Beispiel „Die große Versicherung in unserem Land"
Das Wort „groß" hat hier zwei Bedeutungen: Zum einen im Sinne einer Versicherung mit einem sehr großen Umsatz und zum anderen mit der Wertung eines ausgezeichneten und hervorragenden Unternehmens.

Ein anderes Eigenschaftswort, welches in der Werbung gern in diesem doppelten Sinne gebraucht wird, ist das Wort „erste".

Sie können aber auch Eigenschaftswörter wählen, die neben ihrer sachlichen Bedeutung eine mehr oder weniger versteckte Wertung enthalten. Dies sind Eigenschaftswörter, die dem Sachverhalt ganz nebenbei eine positive oder negative Färbung geben.

Beispiel „Der Kaugummi ist zuckerfrei"
Mit den Eigenschaften „zuckerfrei" wird in erster Linie auf einen nachweisbaren Sachverhalt bzw. eine überprüfbare Eigenschaft von Nahrungsmitteln aufmerksam gemacht. Zugleich wird eine indirekte positive Wirkung erreicht, denn die Konsumenten verbinden mit „zuckerfrei" eine positive Bewertung.

Sie können zwei getrennte Eigenschaftswörter kombinieren: ein ausgesprochen sachbezogenes und ein wertendes Eigenschaftswort. Die Wertung muss in die entstehende sprachliche Einheit so eingepasst werden, dass sie zusammen mit der Werbeaussage akzeptiert wird.

Beispiel
„Aus reiner Schurwolle, dem echten Material, dass natürliche Schönheit, Eleganz und Tragekomfort in sich vereint – in geprüfter Wollsiegel-Qualität."

Eine Variante dieser speziellen Technik ist die direkte Kopplung des Eigenschaftswortes mit dem Markennamen, wie z. B. „die gute Sanella".

Einfärbetechnik

Mit der Einfärbetechnik können Sie den gleichen Sachverhalt durch verschiedene sprachliche Formulierungen umschreiben und ihm damit jeweils eine andere Wertung geben.

Besonders die politische Sprache bietet zahlreiche Beispiele.

So wird z. B. eine Steuererhöhung als „Steueranhebung" und Massenentlassungen als „Freisetzung der Belegschaft" bezeichnet.

Wie wichtig sind Farben?

Farbe belebt die visuelle Botschaft, betont sie, macht sie besser wahrnehmbar und leichter erfassbar.

Farben werden unbewusst wahrgenommen. Zum einen gibt es Farben, die in jedem Menschen bestimmte Empfindungen auslösen. Sämtliche Mitglieder des gleichen Kulturkreises reagieren ähnlich, wenn sie diesen Farben ausgesetzt sind. Denken Sie hier an den symbolischen Wert von Farben, wie z. B. Rot für die Liebe, Purpur für Melancholie und Grün für Hoffnung. Zum anderen stammen Empfindungen aus dem individuellen Unbewussten. Sie sind sehr stark personenspezifisch und hängen von Eigenarten und Erfahrungen der betreffenden Personen ab.

Jede Farbe besitzt eine spezifische psychologische Eigenschaft. Die folgende Auflistung soll Ihnen beispielhaft zeigen, welche das sein können:

- *Schwarz* ist dunkel und kompakt und stellt ein Symbol der Verzweiflung und des Todes dar. Es ist die Farbe mit der geringsten Ressonanz. Schwarz vermittelt aber auch den Eindruck von Vornehmheit, Würde und Eleganz.
- *Weiß* suggeriert Reinheit, das Unerreichbare. Weiß hat die Wirkung des Schweigens. Es hat eine erfrischende, Wirkung in der Nachbarschaft von Blau.

- *Grau* ist ein Symbol für Unschlüssigkeit und Mangel an Energie. Die Mattheit von Grau reflektiert Furcht, hohes Alter und Todesnähe. Die Beschwörung von Angst, Monotonie und Depression wächst, je dunkler das Grau wird. Dunkelgrau ist die Farbe von Schmutz.

- *Grün* ist die ruhigste aller Farben. Sie neigt nach keiner Seite hin und drückt weder Freude noch Traurigkeit oder Leidenschaft aus. Grün ist ein Symbol der Hoffnung.

- *Rot* bedeutet Kraft, Lebendigkeit, Energie und Dynamik. Rot vermittelt den Eindruck von Würde wie auch von Wohlwollen und Charme. Rot ist eine ganz besonders auffällige Farbe. Rot zieht die Blicke auf sich. Wir sehen hin, ob wir wollen oder nicht.

- *Braun* gibt den Eindruck von Festigkeit und großem Nutzen. Es ist die realistischste aller Farben und verkörpert ein gesundes Leben. Je dunkler sie ist, um so mehr nimmt sie die Eigenschaft von Schwarz an.

- *Blau* ist eine tiefgründige Farbe, die eine ruhige, entspannte Atmosphäre schafft.

- *Gelb* ist die leuchtendste, grellste und heiterste aller Farben. Gelb ist jung und von großer Lebhaftigkeit. Mit seiner Leuchtkraft lässt Gelb Gegenstände größer erscheinen.

Farbe ist ein Teil der Ausdruckskraft der Werbung. Farben helfen verkaufen, da die Konsumenten sie nicht nur sehen, sondern auch empfinden und verarbeiten.

Wie Sie eine Werbebotschaft entwickeln

Die Gestaltung der Werbebotschaft setzt bei den von Ihnen festgelegten Werbezielen und der definierten Zielgruppe an (siehe Seite 22). Es ist wichtig, dass Sie die Botschaftsgestaltung genau auf die Wahrnehmung innerhalb Ihrer Zielgruppe abstimmen, denn sie muss Ihre Botschaft richtig interpretieren. Beachten Sie dieses bei jedem Schritt der Entwicklung, d. h. sowohl bei der thematischen Konzeption, der Festlegung des Informationsgehaltes, der Argumentation als auch bei der emotionalen Qualität der Botschaft.

Wählen Sie das Thema der Botschaft aus

Beim Entwurf der Werbebotschaft können Sie die folgenden thematischen Schwerpunkte setzen:

Angebot: Abbildung, Beschreibung.

Normales Leben: natürlicher Alltag, Essen, Trinken, Spielen, Basteln.

Zuneigung: fröhliche Menschen, Verliebte, Familien, Kinder, Senioren, Tiere, Blumen, Pflanzen.

Erotik: schöne Frauen, schöne Männer.

Scheinwelt: gekrönte Häupter, Stars und Prominenz, Haut Couture, Social Prestige, Reichtum, romantische Gegend.

Welche Informationen wollen Sie vermitteln?

Obwohl emotionale Komponenten stärker Aufmerksamkeit erregen als rationale Komponenten, wäre eine Werbebotschaft ohne jegliche Information „leer".

Den Informationsgehalt einer Botschaft können Sie wie folgt festlegen:

- Sie werfen ein Problem auf und bieten eine Problemlösung dafür an.
- Sie machen den Nutzen der Leistung nach Anlass, Inhalt, Erlebnis, Zeit, Dauer und Ort anschaulich.
- Sie heben den relativen Vorteil gegenüber Alternativen oder Substitutionen (z. B. Butter gegenüber Margarine) hervor.
- Sie begründen ausführlich die Funktion, den Vorteil und den Nutzen Ihres Produktes.
- Sie erhöhen die Relevanz und Bedeutung des Ganzen für die Zielperson z. B. durch Erfahrungs- und Testberichte.

Die meisten Kommunikationsfachleute sind allerdings der Ansicht, dass der unverwechselbare und einmalige Produktvorteil, der USP (Unique Selling Proposition), schwerpunktmäßig in der Werbung hervorgehoben werden sollte.

Wenden Sie die richtige Argumentation an

Sie können in Ihrer Werbebotschaft ganz unterschiedlich argumentieren. Für die richtige Auswahl sollten Sie folgende Regeln beachten:

1 Sie sollten empirische Argumente, d. h. durch Befragungen und Testergebnisse gestützte Aussagen, einsetzen, um bereits vorgefasste Urteile bei den Zielgruppen zu festigen.

2 Rationale Argumente haben vor allem eine Rechtfertigungsfunktion und können andere Argumentationsformen ergänzen.

Beispiel
Für die Zahncreme „aronal" und „elmex" wird mit dem Schutz für Zahnfleisch und Zähne geworben, um den Kauf zweier Zahncremes zu rechtfertigen. Weitere werbliche Argumente, die für „aronal" und „elmex" sprechen, werden darüber hinaus ausgeführt.

3 Plausible Argumente sind auszuwählen, wenn Sie ein breites Publikum mit der Werbebotschaft ansprechen möchten.

Beispiel
Eine Telefongesellschaft wirft die Frage auf, wieso es nur nachts möglich sein soll, billig zu telefonieren, ihr Tarif sei schließlich nie höher als 10 Pfennig pro Minute, d. h. auch tagsüber nicht.

4 Ideologische Argumente wählen Sie am besten, wenn bei der Zielgruppe Ungewissheiten beseitigt und ein Meinungswechsel gerechtfertigt werden sollen.

Beispiel
Politische Kampagnen.

5 Sie sollten taktische Argumente anwenden, wenn Sie Offensiven der Konkurrenten im Vorfeld abwehren wollen.

Beispiel
Seit es auf dem Strommarkt Wettbewerb gibt, wird die Pionierstellung als taktisches Argument eingesetzt. So wirbt eine Firma: „Jetzt

endlich hat der Wettbewerb auf dem Strommarkt auch die Steckdosen der privaten Haushalte erreicht. Denn jetzt kommt X. X ist die erste nationale Strommarke, die private Haushalte mit preiswertem Strom versorgt."

6 In Bezug auf die Personifizierung eignet sich:
- die Ich-Form für Testimonials,
- die Anrede „du" und „ihr" in ideologisch gefestigten Gruppen,
- die Anrede „Sie" bei größerer Distanz,
- die Er/Sie/Es-Form für Schilderungen und Beweisführungen,
- die Wir-Form zur Integration von Sender und Empfänger.

7 Für die Richtung der Argumentation gibt es verschiedene Alternativen. Wollen Sie für das eigene Produkt „kämpfen" und/oder gegen die Konkurrenz?

8 Für die Reihenfolge gilt, dass Sie das wichtigste Argument, das sich auf ein Bedürfnis der Zielperson bezieht, an den Anfang stellen sollten. Erwünschte Informationen sollten vor unerwünschten Informationen stehen, d. h. die gute Nachricht zuerst.

Ein Spezialfall in der Werbung ist die Verwendung von zweiseitiger Argumentation. Sie nehmen Gegenargumente in die Botschaft auf und widerlegen sie gleichzeitig. Die zweiseitige Argumentation ist besonders dann wirkungsvoll,

- wenn Gegenargumente Ihrer Zielgruppe bereits bekannt sind bzw. damit gerechnet werden muss, dass sie bekannt sind,

- wenn Ihre Zielgruppe ursprünglich nicht mit Ihnen übereinstimmt, wenn also die Einstellung verändert werden soll,
- wenn Ihre Zielgruppe über ein höheres Bildungsniveau verfügt.

Beispiel
„Crisan-Shampoo ist zwar sauteuer, aber es wirkt". Der hohe Preis – ein Argument gegen den Kauf – wird erwähnt und sofort widerlegt.

Rufen Sie Gefühle hervor

Mit dem emotionalen (affektiven) Teil der Botschaft sollten Sie bei Ihrer Zielgruppe Emotionen und Gefühle hervorrufen. Experimente haben gezeigt, dass bereits beim Kontakt mit der Werbung messbare Erregungszustände bei den Zielpersonen eingetreten sind, noch bevor der eigentliche Informationsgehalt erfasst und verarbeitet wurde.

> - Es gibt eine Reihe von Reizen, die eine besonders starke emotionale Wirkung erzeugen. Dieses sind z. B. erotische Darstellungen, Familienszenen, Kinder bzw. Kindchenschema oder starke Farben.

Sie aktivieren automatisch jeden Menschen, da sie grundlegende Triebe und Motive ansprechen. Diese Reize müssen auf die Schlüsselinformationen der Botschaft hinweisen und dürfen keinesfalls von der eigentlichen Botschaft ablenken.

Der emotionale Teil der Botschaft zielt darauf ab, Bedürfnisse anzusprechen, die Ihre Zielgruppe veranlassen, Ihr Produkt zu kaufen. Er kann sich darauf beziehen, die bisher von der

Werbung angesprochenen Bedürfnisse zu verstärken oder zu verändern oder andere, vielleicht sogar neue Bedürfnisse durch die Werbung anzusprechen.

Beispiel
Nehmen wir an, in der Autowerbung wären bisher bevorzugt Sicherheitsbedürfnisse beim Konsumenten angesprochen worden. Durch den Appell „Sicherheit geht vor" und die Abbildung einer schwangeren Frau, die am Fenster steht und sehnsüchtig auf die Rückkehr ihres Mannes wartet, kann das Sicherheitsbedürfnis bei einer Zielgruppe von Autofahrern aktualisiert und verstärkt werden. Durch den Appell „Spaß muss sein" mit einem Bildmotiv, das junge Leute beim flotten Fahren zeigt, werden andere Bedürfnisse als das Sicherheitsstreben angesprochen.

Checkliste: Kommt Ihre Botschaft an?

Wird die thematische Konzeption wahrgenommen oder übersehen?	✔
Wird der Informationsgehalt verstanden und auch gelernt?	
Überzeugen die Argumente derart, dass die Botschaften bei der Zielgruppe wunschgemäß bewertet und folglich Handlungen ausgelöst werden?	
Ist die Werbebotschaft affektiv geladen, d. h. hat sie die gewünschte emotionale Wirkung, die sich bei den Zielpersonen gefühlsmäßig auch einprägt?	

Mehr Erfolg mit einer Copy Strategie

Wenn Sie verschiedene Werbemaßnahmen aufeinander abgestimmt einsetzen, fördert das den Wahrnehmungs- und Lernprozess bei Ihrer Zielgruppe. Voraussetzung hierfür ist allerdings, daß Sie eine langfristig angelegte Leitlinie festgelegt haben. Durch sie sollen einzelne Werbemaßnahmen schnell und eindeutig wiedererkannt werden. Eine Ausprägung einer derartigen Leitlinie ist die Copy Strategie. Sie setzt sich aus den folgenden Elementen zusammen:

Werbeziel (Creative Objective)

Hier müssen Sie die langfristig gültigen Werbeziele, bezogen auf Ihre genauen Zielgruppen, kurz und präzise formulieren. Die Creative Strategy beschreibt, wie die gesteckten Ziele erreicht werden können.

Produktversprechen (Consumer benefit/USP)

Mit dem Produktversprechen sollen die wesentlichen Leistungen des Produktes bzw. seine Vorteile gegenüber der Konkurrenz beschrieben werden, wobei die konkrete Werbeaussage noch nicht formuliert wird.

Begründung (Reason why)

Sie dient dazu, die aufgestellten Behauptungen glaubhaft zu machen.

Tonality

Hiermit wird der kreative, verbale und visuelle Stil der Anzeige festgelegt.

Die schriftlich festgelegte Formulierung der Copy Strategie, die so genannte Copy Plattform, dient als Grundlage für die visuelle und verbale Umsetzung der Werbebotschaft.

Diese Umsetzung erfolgt durch die Werbeagenturen in unterschiedlichen Stufen. Zuerst werden die ersten Ideenansätze grob und fragmentartig skizziert, in so genannten Scribbles.

Beispiel eines Anzeigenscribbles

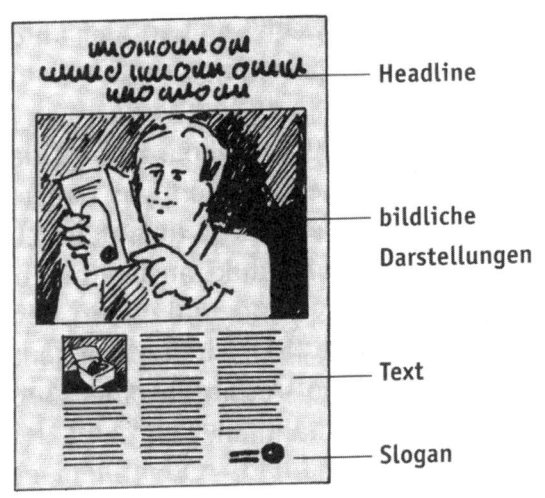

- Headline
- bildliche Darstellungen
- Text
- Slogan

Die Wirksamkeit des Scribbles wird in einem Zwischenentwurf – dem Rohlayout – überprüft. In dieser Layoutphase können Sie bereits beurteilen, ob die Gestaltung den gewünschten Vorstellungen entspricht oder ob Änderungen vorgenommen werden müssen. Auf der Grundlage der Änderungen in der Rohlayout-Phase wird dann das Reinlayout erstellt.

Mit Wirkung umgesetzt: von der Anzeige zum Plakat

Der Botschaftsentwurf kann in unterschiedlichen Werbemitteln umgesetzt werden. Nachfolgend finden Sie einige Überlegungen zur Gestaltung der klassischen Werbemittel: Anzeige, Fernsehspot, Hörfunkspot und Plakat.

Wie Sie Anzeigen richtig gestalten

Die Grundfunktion einer Anzeige liegt darin, Informationen zu übermitteln. Sie kann diese Funktion wegen einer längeren Kontaktdauer und der Möglichkeit einer größeren Darbietungsmenge besonders gut erfüllen. Je weniger Informationen (in Wort und Bild) sie enthält, umso mehr nähert sie sich der reinen Aufmerksamkeits- bzw. Erinnerungswerbung. Bei der Gestaltung von Anzeigen stellen sich folgende Fragen:

Farbe: Ja oder nein?

Eine grundlegende Entscheidung bei der Gestaltung von Anzeigen ist, ob die Anzeige schwarzweiß oder vierfarbig sein soll. Oft werden Schwarzweißanzeigen auch mit einer Zusatzfarbe versehen. Die Kosten für die Schaltung von Schwarzweißanzeigen sind zwar geringer, ihre Wirkung ist aber gegenüber der von Farbanzeigen vermindert. In einem besonders farbigen Anzeigenumfeld kann eine Schwarzweißanzeige hingegen größere Aufmerksamkeit erzeugen.

SIEMENS

E-Mail, Voice-Mail, Fax-Mail. Nur die Krawatte knoten wir Ihnen nicht.

Damit Sie überall prompt auf jede Anfrage reagieren können, brauchen Sie Ihr persönliches Nachrichten-Center. Und das bekommen Sie von uns. In Ihrem Unternehmen integrieren wir Telefon, Fax, E-Mail und Intranet. Und künftig kommen alle Informationen und Nachrichten für Sie in Ihrem Nachrichten-Center an – ganz gleich, ob sie aus Daten- oder Sprachnetzen stammen. Eine einzige Nummer genügt zur Kontaktaufnahme. Und das ist äußerst nützlich. Gerade wenn Sie unterwegs sind.

Wir sind die Experten für die Konvergenz von Information und Kommunikation. Und wir bieten Ihnen komfortable, funktionierende Gesamtlösungen für Ihr Business.

Weitere Informationen dazu erhalten Sie unter www.siemens.de/SolutionProvider oder bei unseren autorisierten Partnerunternehmen.
Und (für 0,24 DM pro Minute) auf Wunsch auch mit Tips zum perfekten Krawattenknoten unter 0 18 05 / 34 03 80.

The Solution Provider
Siemens.
Information and Communications

Welcher Anzeigenaufbau ist sinnvoll?

Die wichtigsten Gestaltungselemente für eine Anzeige sind das Bild, die Überschrift (Headline/Subline) und der Textteil (Copy).

Die Headline/Subline sollte bereits den Kern der Werbebotschaft enthalten und unter dem Bild positioniert werden. Untersuchungen haben gezeigt, dass sich Texte, die unter einem Bild oder rechts davon stehen, besser erfassen lassen. Die Marke, sich selbst als Absender und/oder eventuell einen zusätzlichen Slogan sollten Sie rechts unten plazieren. Man unterstellt hier, dass der letzte Blick beim Umblättern auf diese Stelle fällt und besser in Erinnerung bleibt. Daraus ergibt sich die natürliche Reihenfolge der Betrachtung:

1. Bild
2. Headline
3. Copy
4. Absender/Marke

Auf S. 54 finden Sie ein Beispiel für einen derartigen Aufbau einer Anzeige.

Grundsätzlich können Anzeigen auch anders aufgebaut werden, z. B. mit der Headline/Subline am oberen Ende der Anzeigen, darunter das Bild und darunter der begleitende Text bzw. die Copy.

Welche Rolle spielt die Headline?

Ein langer Text setzt eine Headline voraus. Die Headline fungiert als Blickfang und soll eine erste Orientierung über die Einordnung der Werbebotschaft geben. Sie soll die Aufmerksamkeit des Betrachters erregen und zur weiteren Beschäftigung mit den Botschaftsinhalten motivieren.

Die Headline ist nicht identisch mit dem Slogan. Der Slogan fasst die Werbebotschaft prägnant zusammen und stellt die Grundlage für die Erinnerung dar. Während die Headline im Interesse einer größeren Aufmerksamkeitswirkung öfter variiert werden kann, sollte der Slogan möglichst immer gleich bleiben.

Die Copy (d. h. der Text) muss graphisch so gestaltet sein, dass sie leicht lesbar ist. Dies wird z. B. durch Einrückungen, Hervorhebungen, Zwischenüberschriften und den Einbau von kleinen Bildern erreicht.

> ■ Anzeigen werden in der Regel nur oberflächlich und kurz betrachtet. Deswegen ist es notwendig, den Produktnutzen bzw. die zentrale Werbeaussage in den Mittelpunkt der Gestaltung zu stellen und auf das Wesentliche zu reduzieren. Je komprimierter die Darstellung und konzentrierter die Aussagen, desto besser wird Ihre Zielgruppe sie aufnehmen und verarbeiten. ■

Was Sie bei der Gestaltung von Fernsehspots beachten sollten

Wenn Sie einen Fernsehspot entwerfen, müssen Sie zum einem das Desinteresse bzw. das geringe Betroffensein der Zuschauer überwinden und zum anderen auf eine fernsehgerechte Aufbereitung der Werbung achten.

Fernsehspots sind in der Regel zwischen 6 und 60 Sekunden lang und verlangen daher ein exaktes Timing, denn keine Sekunde darf wirkungsmäßig verschenkt werden.

Ein Werbefilm lebt in erster Linie von seiner Idee. Mit Originalität, wie z. B. der „lila Kuh" von Milka, können Sie eine eigenständige und interessante Werbung kreieren und das Interesse beim Zuschauer wach halten.

Ein gut gemachter Fernsehspot vermittelt durch Bild und Ton die gewünschte emotionale Wirkung, dabei sind die ersten und letzten Sekunden besonders wichtig. Zu Beginn müssen Sie erst einmal das Interesse beim Betrachter wecken, und der Schluss sollte, zumindest zum Teil, in Erinnerung bleiben, zum Beispiel in Form Ihres Slogans und Logos.

Die Aufmerksamkeit muss während des Spots zeitweilig immer wieder neu geweckt werden. Dazu stehen folgende Mittel zur Verfügung:

- eine überraschende und ungewöhnliche Darstellung,
- mehrere Szenenwechsel (auch in rascher Reihenfolge),
- akustische Signale,
- Humor,
- Erotik,
- Einsatz von Kindern,
- Einsatz von Tieren.

Die Herstellung eines Fernsehspots ist relativ aufwendig: Die erste Stufe ist ein Storyboard. Dieses besteht aus einer Reihe von Skizzen, die den Bild-, Handlungs- und Textablauf eines Fernsehspots darstellen. Es wird von der Werbeagentur entworfen und bildet dann die Grundlage für den Filmproduzenten.

> ■ Berücksichtigen Sie grundsätzlich bei allen konzeptionellen und gestalterischen Überlegungen, dass die eigentliche Werbebotschaft nicht durch Effekte überlagert werden darf. Denn gerade die Botschaft muss die Aufmerksamkeit auf sich ziehen und von Ihrer Zielgruppe in Erinnerung behalten werden. ■

Was ist wichtig bei Hörfunkspots?

Da bei der Hörfunkwerbung lediglich akustische Gestaltungsmöglichkeiten bestehen, bedarf es sehr intensiv wirkender Signale, die besonders herausgestellt werden müssen.

Es gilt der Grundsatz, dass zu viele Informationen die zentrale Werbebotschaft überlagern.

Die Botschaft muss sachlich richtig sein und die gewünschte emotionale Qualität klanglich transportieren. Da man Radio normalerweise flüchtig und nebenbei hört, sind Hinweisreize wie z. B. Erkennungsmelodien und bekannte Markenslogans sowie häufige Wiederholungen des Spots sehr wichtig.

Bezüglich des Aufbaus von Hörfunkspots gibt es zwei klassische Vorgehensweisen:

- Sehr starke Hinweisreize zu Beginn des Spots, um die Aufmerksamkeit sofort und während des ganzen Spots zu erregen.
- Sich langsam steigernder Spannungsaufbau, der die Werbeaussage bis zum Schluss hinauszögert. Die Spannung kann durch verschiedene Elemente, wie z. B. Reizworte, Stimmlagen, Lautstärken, Musikeffekte, aber auch mit Pausen, gesteigert werden.

Die wesentlichen Gestaltungselemente für die Hörfunkwerbung sind neben der Stimme des Sprechers sämtliche Geräusche und Toneffekte sowie Musik und Erkennungsmelodien in den verschiedensten Formen.

Einige dieser Elemente unterliegen gewissen Moderichtung wie z. B. dem verstärkten Einsatz von klassischer Musik bei Hörfunk- und Fernsehspots in den letzten Jahren (z. B. Nestlé Werbung).

Welche Gestaltungsregeln bei Plakaten gelten

Bei der Plakatwerbung müssen Sie von einer kurzen oberflächlichen Betrachtung ausgehen. Sie sollten daher folgende Gestaltungsrichtlinien beachten:

- Konzentrieren Sie sich bei der Botschaft auf die wesentlichen Aussagen.

- Setzen Sie bevorzugt Bilder als Kommunikationsinstrument ein.

- Wählen Sie eine besonders kurze und klar verständliche Headline. Die Headline sollte sich im oberen Bereich des Plakates befinden, da dieser Bereich eher erfasst wird.

- Einen konstant eingesetzten Absender mit eventuell zugehöriger Subline können Sie im unteren Bereich platzieren, da es bei einer prägnanten Plakatgestaltung genügt, wenn derartige konstante Elemente vom Betrachter nur gelegentlich wahrgenommen werden.

- Die Copy (der Textteil) hat bei der Plakatwerbung keine große Bedeutung.
- Ein besonderes Problem bei Plakaten ist die produktionstechnisch bedingte Zusammensetzung aus mehreren Einzelteilen. Beachten Sie daher, dass bestimmte Bildelemente, wie die Augen und der Mund von Personen oder das Markensymbol, nicht über die Schnittstellen laufen, da es beim Plakatanschlag zu leichten Verschiebungen kommen kann.

In bestimmten Fällen können Sie zur Vermittlung einer aktuellen, wichtigen Botschaft ein einziges Plakat gestalten und über einen längeren Zeitraum einsetzen. Bei langfristig angelegten Kampagnen nutzen Sie hingegen die Möglichkeiten der Seriengestaltung.

Ein Produkt kann aus verschiedenen Perspektiven oder Situationen gezeigt werden, wobei Headline und Absender immer konstant gehalten werden. Möglich ist auch die Variation von Headline und Motiv. Dann müssen jedoch andere gestalterische Konstanten die Wiedererkennung gewährleisten.

Checkliste: Wie Sie Ihre Botschaftsgestaltung überprüfen können

Entspricht die Sprache dem Stil der Zielpersonen, erweckt sie Vertrauen und wirkt sie glaubhaft?	✔
Vermittelt die Aussage die beabsichtigten Inhalte, macht sie sie begreifbar und erlernbar und sind sie für die Zielgruppe relevant?	
Entspricht die gewählte Gestaltung dem Produkt, dem Werbeträger und der Zielgruppe?	
Vermeidet das Werbemittel „Vampir"-Bilder bzw. -Effekte? (Unter „Vampir"-Effekten versteht man, dass einzelne Elemente des Werbemittels zu stark die Aufmerksamkeit des Betrachters auf sich ziehen und damit das Produkt oder die Werbebotschaft überlagern.)	
Wirkt das Werbemittel auf die gewünschte Zielgruppe? Ist es so gestaltet, dass die Zielpersonen „auf den ersten Blick" erkennen, dass sie angesprochen sind?	
Ist der Produktnutzen für genau diese Zielgruppe deutlich erkennbar?	
Decken sich Produktversprechen und Verbrauchererwartungen? Unterscheidet sich das Produktversprechen deutlich von den Aussagen der Wettbewerber?	
Ist das Produkt so dargestellt (verbal und visuell), dass es nicht mit einem Wettbewerbsprodukt verwechselt werden kann?	

Was in der Werbung nicht erlaubt ist

Deutschland verfügt über sehr eingehende gesetzliche Regelungen zum Werbeverhalten. Wenn Sie richtig werben wollen, müssen Sie auch darüber informiert sein, wie Werbung in Deutschland kontrolliert wird und welche Grenzen ihr gesetzt sind. Sie müssen die Prinzipien des deutschen Werberechts kennen. Hierzu müssen Sie kein Jurist sein.

Die gesetzlichen Bestimmungen in Deutschland versuchen Ordnung in die freie Marktwirtschaft zu bringen. Denn ohne Ordnung ist keine Freiheit und kein Schutz vor Missbrauch möglich. Geschützt werden sollen die werbetreibenden Unternehmen und ihre Produkte vor der Konkurrenz, aber auch – und das wird immer wichtiger – die Verbraucher vor unlauterer und irreführender Werbung.

Diese Werbegesetze müssen Sie einhalten

Das Werberecht ist in Deutschland kein geschlossenes Rechtsgebiet. Es gibt nicht das Gesetz, sondern eine Vielzahl von Einzelgesetzen und Verordnungen.

Die wichtigsten Gesetze der deutschen Werbewirtschaft

- Gesetz gegen den unlauteren Wettbewerb (UWG)
- Gesetz gegen Wettbewerbsbeschränkungen
- Gesetz über Preisnachlässe/Rabattgesetz

- Preisangabengesetz und Preisangabenverordnung
- Zugabeverordnung
- Gesetz betreffend Werbung für Tabakerzeugnisse, Heil- und Nährmittel
- Anordnung betreffend Sonderveranstaltungen
- Straßenverkehrsordnung
- Landesbauordnung
- Landespressegesetz und Landesrundfunkgesetz

Das wichtigste Gesetz, das bereits zu Beginn dieses Jahrhunderts in Kraft trat und seitdem ständig modernisiert wurde, ist das Gesetz gegen den unlauteren Wettbewerb (UWG). Es schützt nicht nur vor unfairen Mitteln der Konkurrenten, sondern auch den Endverbraucher vor unlauteren und irreführenden Methoden. Wer gegen das Gesetz verstößt, kann übrigens auf „Unterlassung und auf Schadensersatz in Anspruch genommen werden".

Die häufigsten Werbefallen

Es ist Ihnen natürlich erlaubt, durch Werbung auf Ihre Produkte und Leistungen hinzuweisen. Sie dürfen aber nicht die freie Willensentscheidung der Kunden durch Irreführung, Zwang, Druckausüben oder Ähnlichem beeinflussen.

Irreführung

Irreführung bedeutet, dass objektiv ein falscher Tatbestand behauptet wird. Wenn Sie z. B. bei Ihrer Uhr von „Schweizer

Präzision" sprechen, sie aber in Thailand herstellen lassen, ist dies irreführend. Irreführend können auch Preisschlagwörter wie „Sonderpreis", „Höchstrabatt" etc. sein, wenn diese Preise keine wirklichen Rabatte darstellen und der Hersteller diesen Preis sowieso vorgibt. Kunstprodukte bzw. künstlich hergestellte Produkte dürfen z. B. nicht als natürlich bezeichnet werden. Auch dürfen Sie nicht mit etwas werben, was als Selbstverständlichkeit angesehen wird. Wenn z. B. ein Fachgeschäft mit kostenloser Beratung wirbt, ist dies nicht zulässig, da dies von einem Fachgeschäft erwartet wird. Was irreführend ist, hängt davon ab, wie die Umworbenen die Werbung verstehen. Das bedeutet, dass auch Wahres in den Augen der Endverbraucher irreführend sein kann.

Belästigung

Weiterhin dürfen Sie Ihren Kunden nicht durch Belästigung, Gefühlsausnutzung oder Bestechung gegen seinen Willen zum Kauf bringen. Die Werbung darf nicht so aufdringlich sein, dass sich der Kunde unter Druck gesetzt fühlt und das Produkt kauft, um der Belästigung ein Ende zu setzen. Hierzu zählen z. B. wiederholte, ungebetene telefonische Anrufe bei Kunden.

Vergleichende Werbung

In Deutschland ist die vergleichende Werbung verboten, die das Produkt oder die Dienstleistung des bzw. der Konkurrenten im Verhältnis zum eigenem Produkt oder zur Dienstleistung schlechter darstellt. Dies ist unlauter und gilt als nicht zulässig. Zum Beispiel dürfen Sie nicht werben mit:

„Kaufen Sie nur unsere Produkte, weil die anderen Hersteller schlechtere Qualitäten führen". Sie dürfen zwar Ihre Konkurrenten oder die Konkurrenzprodukte in Ihrer Werbung nennen bzw. zeigen. Ein direkter Vergleich ist aber nur möglich, wenn es sich um wesentliche objektiv nachprüfbare Produkteigenschaften handelt und der Konkurrent bzw. seine Produkte nicht herabgewürdigt werden. Sie können aber die Vorteile Ihres Produkts im Vergleich zu anderen „herkömmlichen" Produkte herausstellen und die Herstellernamen dieser Produkte unkenntlich machen.

Werbliche Übertreibungen

Wenn Sie in Ihrer Werbung Ihr eigenes Produkt oder Ihre eigene Dienstleistung als Spitzenleistung wie „das Größte", „das Beste", „das Älteste" besonders herausstellen, muss diese Spitzenleistung wahr sein, bereits eine Zeitlang bestehen und in Zukunft noch weiterbestehen. Es ist ein so genannter objektiver Nachweis erforderlich. Sie dürfen aber mit einer negativen Allgemeinstellung, wie „Keiner schmeckt besser" oder „Nichts ist so gut wie", werben. Wenn Ihre werblichen Übertreibungen auf den ersten Blick ein subjektives Werturteil erkennen lassen, sind diese, wie z. B. „Der schönste Liebesfilm des Jahres", „Das Ereignis dieses Jahrhunderts", erlaubt.

Lebensmittel-Werbung

Lebensmittel-Werbung unterliegt dem Lebensmittelgesetz, welches eine Vielzahl von Vorschriften und Beschränkungen für die Werbung von Lebensmittel wie auch Zigaretten vorsieht.

Preisangaben

Damit der Preis bei der Werbung nicht zu Verwirrungen führt, gibt es eine Verordnung zur Regelung der Preisangaben. Eine Pflicht zur Preisangabe bei der Werbung gibt es nicht. Wenn sie jedoch erfolgt, muss die Verordnung beachtet werden. So müssen Sie z. B. bei der Werbung die Endpreise angeben, damit der Kunde nicht getäuscht werden kann.

Informieren Sie sich bei Ihrer Werbeagentur oder einem Verband, der Ihre Interessen vertritt, über weitere Vorschriften.

Checkliste: Was Sie bei der Werbung rechtlich beachten müssen

- Behaupten Sie keinen objektiv falschen Tatbestand.
- Heben Sie keine Selbstverständlichkeit, die von Ihrem Produkt oder Dienstleistung erwartet wird, besonders hervor.
- Ihre Werbung darf nicht aufdringlich sein und den Kunden belästigen.
- Die Darstellung Ihrer Alleinstellung/Spitzenleistung gegenüber Ihrer Konkurrenz muss objektiv nachweisbar sein, schon eine Zeitlang und in Zukunft noch bestehen.
- Ihre werblichen Übertreibungen müssen auf den ersten Blick als subjektives Werturteil erkennbar sein.
- Beachten Sie die Verordnungen zu Preis-/Rabattangaben in der Werbung.
- Berücksichtigen Sie die sonstigen Gesetze und Verordnungen.

Achten Sie auf die Verhaltensregeln des Deutschen Werberates

Der Deutsche Werberat ist eine Institution der Wirtschaft. Die Aufgabe dieser selbstdisziplinären Einrichtung von Verbänden der werbetreibenden Wirtschaft, Medien, Werbeagenturen und Werbeberufen ist es, in der so genannten Grauzone zwischen Erlaubtem und Unerlaubtem aktiv zu werden. Werbeaussagen und -darstellungen, die aus Sicht von Verbrauchern oder der Werbewirtschaft anstößig, unzuträglich oder unerwünscht sind, werden mit Hilfe des Deutschen Werberates abgestellt und verhindert.

Jeder Bürger und jede Verbraucher- oder sonstige Organisation kann sich beim Deutschen Werberat über Werbemaßnahmen beschweren. Unter Angabe seines Namens kann jeder schildern, welche Werbung ihm aus welchen Gründen missfällt. Bei jeder Beschwerde wird überprüft, ob es sich um zweifelhafte Werbemaßnahmen am Rande gesetzlicher Legalität oder um Gesetzeswidrigkeiten handelt. Dann wird das betroffene Unternehmen und/oder die Werbeagentur zu Stellungnahmen aufgefordert. Eine einzige Beschwerde kann ausreichen, um eine gesamte Werbekampagne zu stoppen.

Neben der Prüfung von Beschwerden entwickelt der Deutsche Werberat Verhaltensregeln, wie z. B. für die Werbung mit und vor Kindern in Werbefunk und Werbefernsehen, für die Werbung von alkoholischen Getränken und von unfallriskanten Bildmotiven, und überprüft die Einhaltung. Die werbetreibenden Unternehmen und die Werbeagenturen richten sich in der

Regel nach diesen Verhaltensregeln und akzeptieren die Entscheidungen des Deutschen Werberates.

Checkliste: Beugen Sie einer Beschwerde beim Deutschen Werberat vor

- Werden Minderheiten, Naturvölker, Berufsgruppen, Frauen, Kinder etc. durch Ihre Werbung herabgewürdigt und/oder lächerlich gemacht?
- Werden Persönlichkeitsrechte verletzt?
- Verletzen Sie religiöse Empfindungen/Gefühle?
- Hat Ihre Werbung Gewalt als Blickfang?
- Setzt Ihre Werbung pornographische Fantasien frei?
- Könnte Ihre Werbung als sexuelle Belästigung interpretiert werden?
- Setzen Sie auf Sexualität in Ihrer Werbung als Mittel zur Verkaufsförderung?
- Wird eine Frau in Ihrer Werbung als bloße visuelle Sexualstimulanz gezeigt?
- Nutzen Sie menschliches Elend für Werbezwecke?

Vom Werbemedium zur Erfolgskontrolle

Wählen Sie die richtigen Medien aus

Welche Medienarten Ihnen zur Verfügung stehen

Welche Informationsgrundlagen Sie benötigen

Wie Sie die Auswahl der Werbemedien abwickeln

Wo Sie sonst noch werben können

Wie Sie den Erfolg Ihrer Werbung kontrollieren

Wählen Sie die richtigen Medien aus

Der richtigen Auswahl der Werbemedien fällt in Ihrer gesamten Planung eine wichtige Rolle zu, denn der Erfolg einer Werbekampagne hängt nicht nur von der Gestaltung der Werbebotschaft ab, sondern auch von deren Verbreitung. Dabei geht es zum einen um die Frage, welche Werbemedien ausgewählt werden sollen, und zum anderen, wie häufig diese Medien eingesetzt werden sollen, um innerhalb der Budgetvorgabe optimal wirken zu können. Dies ist eine komplexe Optimierungsaufgabe, die Sie Ihrer Werbeagentur oder einer spezialisierten Mediaagentur überlassen sollten.

Wichtige Faktoren bei der Auswahl von Werbemedien sind

1 die Reichweite der einzelnen Werbemedien innerhalb Ihrer Zielgruppe,

2 die Häufigkeit, mit der die Personen Ihrer Zielgruppe durch bestimmte Werbemedien erreicht werden,

3 wie die einzelnen Werbemedien für die Präsentation der Werbebotschaft geeignet sind und

4 wie die Kosten-Leistungs-Relationen der einzelnen Werbemedien und Ihr verfügbares Budget aussehen.

Werfen wir im folgenden einen Blick auf klassische Werbemedien, die Ihnen zur Verfügung stehen, sowie auf ihre Eigenschaften in Bezug auf die oben genannten Faktoren.

Welche Medienarten Ihnen zur Verfügung stehen

Werbemedien – oder Werbeträger – dienen als Transportinstrument für die Werbemittel, z. B. die Anzeige in einer Tageszeitung.

Deutschland zählt medienmäßig zu den am besten versorgten Ländern. Einen kleinen Einblick in die Vielfalt der Werbeträger liefert die folgende Übersicht über ausgewählte Werbeträger in Deutschland.

Werbeträger in Deutschland

	Netto-Werbeeinnahmen in Mio DM	Änderung zum Vorjahr in %	Anzahl der Werbeträger
Tageszeitungen	10 869.7	+1.8	402
Fernsehen	7 438.2	+7.8	25
Publikumszeitschriften	3 509.4	+2.7	778
Fachzeitschriften	2 162.0	+2.5	1 029
Hörfunk	1 176.0	+2.0	227
Außenwerbung	1 002.4	-3.4	392 642
Wochen-/Sonntagszeitungen	472.3	+7.5	25*
Kino	305.4	+1.8	4 190
* Nur Wochenzeitungen			

Quelle: ZAW, Daten von 1997

In Zeitungen werben

Zeitungen bieten Ihnen als Werbeträger vielfältige Möglichkeiten. Es gibt die unterschiedlichsten Arten von Zeitungen: Tageszeitungen, Sonntagszeitungen und Wochenzeitungen, überregionale und lokale/regionale Zeitungen sowie Kauf- und Abonnementzeitungen.

Beispiele für Tageszeitungen
Überregionale Abonnementzeitungen: *Die Welt, FAZ (Frankfurter Allgemeine Zeitung), Handelsblatt, SZ (Süddeutsche Zeitung)*
Lokale/regionale Abonnementzeitungen: *WAZ (Westdeutsche Allgemeine Zeitung), Münchener Merkur, Hannoversche Allgemeine, Sächsische Zeitung*
Überregionale Kaufzeitungen: *Bildzeitung*
Regionale Kaufzeitungen: *AZ (Abendzeitung), Hamburger Morgenpost*

Beispiele für Wochen- und Sonntagszeitungen
Überregionale Abonnementzeitungen: *FAZ am Sonntag, Welt am Sonntag*
Lokale/regionale Abonnementzeitungen: *Sonntag aktuell, Morgenpost*
Überregionale Kaufzeitungen: *Bild am Sonntag*
Regionale Kaufzeitungen: *Sonntag aktuell*

Innerhalb der klassischen Werbemedien liegen Tageszeitungen bei den Netto-Werbeeinnahmen unangefochten an erster Stelle.

Warum Tageszeitungen so erfolgreiche Werbemedien sind

- Tageszeitungen erzielen hohe Reichweiten. Sie können bei einem bundesweit flächendeckenden Einsatz von Abonnementzeitungen insgesamt 72 % aller Haushalte erreichen.

Aufgrund der hohen Haushaltsabdeckung ist Zeitungswerbung im Vergleich zu anderen Medien relativ teuer.

- Tageszeitung bieten täglich eine aktuelle Berichterstattung für eine breite Zielgruppe an. Die Wahrscheinlichkeit, dass die Zielgruppe Ihre Anzeige in der Tageszeitung sieht, ist daher relativ hoch. $9/10$ des Seitenumfangs einer Tageszeitung werden bewusst, ohne Nebenbeschäftigung, kontaktiert.

- Sie können Tageszeitungen je nach Verbreitungsgebiet für örtliche, regionale oder überregionale Werbemaßnahmen einsetzen. Dabei müssen Sie berücksichtigen, dass sich die Leser verschiedener Zeitungsgattungen stark voneinander unterscheiden können. Die Leser regionaler Zeitungen stimmen z. B. in den wichtigsten Merkmalen weitgehend mit denen der Gesamtbevölkerung überein, während die Leser überregionaler Zeitungen in vielen Merkmalen (z. B. Schulbildung, Beruf, Einkommen) deutlich über dem Bevölkerungsdurchschnitt liegen.

- Zeitungen haben bei ihren Lesern eine hohe Glaubwürdigkeit und sie stimulieren das tägliche Einkaufsverhalten. Das Vertrauen in die Zeitung wirkt sich positiv auf Ihre Werbemaßnahmen aus.

- Zeitungsanzeigen haben eine hohe Aktualität. Sie werden insbesondere bei Neueinführungen in Testmärkten für die aktuelle Kundeninformation eingesetzt.

Wie Sie Zeitungen buchen

Grundsätzlich haben Sie unterschiedliche Möglichkeiten, Zeitungen zu buchen. Sie können

- die Gesamt- bzw. Hauptausgabe einer Zeitung,
- eine Unterausgabe oder
- eine Kombinationen von Ausgaben

buchen. Zeitungen sind sehr flexible Werbeträger. Sie können eine vorbereitete Anzeige noch in letzer Minute plazieren.

Bei Zeitungen gibt es allerdings nur drei Standardformate, in denen Sie buchen können:

- das Berliner Format (Satzspiegel 430/278 mm, 6 Anzeigenspalten)
- das Rheinisches Format (Satzspiegel 478/325 mm, 7 Anzeigenspalten)
- das Nordisches Format (Satzspiegel 528/371 mm, 8 Anzeigenspalten)

Was die Kosten der Buchung angeht, so werden die Anzeigenpreise in der Regel nach dem Millimeter-Grundpreis berechnet. Der Millimeter-Grundpreis bezieht sich auf eine Spaltenbreite und einen Millimeter Höhe im Anzeigenteil. Für Anzeigen im Textteil der Zeitung gilt ein spezieller Textteil-Tarif. Er berechnet sich genauso wie der Millimeter-Grundpreis, ist jedoch wesentlich teurer.

Auf die Anzeigenpreise wird in der Regel noch ein Rabatt gewährt. Sie erhalten z. B. eine so genannte „Malstaffel" bei mehrmaliger Schaltung innerhalb eines Abschlussjahres oder eine „Mengenstaffel", die auf dem Gesamtumfang (z. B. Gesamtmillimeter) der innerhalb eines Jahres geschalteten Anzeigen basiert. Der Verlag verrechnet Ihnen bzw. Ihrer Agentur jeweils die günstigste Alternative. Denkbar ist auch, dass man Ihnen nachträglich zum Abschlussjahr einen Bonus gewährt.

Welche Anzeigenformate Sie wählen können

Die Grundformate einer Anzeige sind $1/1$, $1/3$, $1/4$ Seite sowie alle übrigen Anzeigengrößen durch Anwendung der Grundformel. Standardanzeigen entsprechen diesen Grundformaten und sind schwarzweiß oder 2-, 3- und 4-farbig bzw. enthalten weitere Zusatz- oder Schmuckfarben.

Neben den Standardanzeigen gibt es zahlreiche Sonderformate, die sie vom jeweiligen Verlag anfordern können.

Bei der Auswahl des Anzeigenformates gilt der Grundsatz, dass bei kleineren Anzeigenformaten normalerweise eine geringere Werbewirkung erzielt wird. Außergewöhnliche Formate, z. B. in Form eines Kreises oder Sterns, erhöhen die Aufmerksamkeit.

Wie Sie Anzeigen plazieren

Neben Gestaltungsvariablen und Formatfragen spielen Platzierungseffekte in der Zeitung eine wichtige Rolle für die Anzeigenwirkung. Bei der Platzierung stellen sich folgende Fragen:

Anzeigen- oder Textteil?

Im Anzeigenteil sind nur Anzeigen. Genau deshalb ist die Aufmerksamkeit im Textteil, also mitten in den Berichten, in der Regel erheblich höher. Die Kosten für eine Anzeige dort sind ca. fünfmal so hoch wie im Anzeigenteil. Außerdem sind die Anzeigen in der Größe auf ziemlich kleine Formate beschränkt. Trotzdem lohnt es sich oft, diese Platzierung zu wählen. Hier können Sie selbst mit einer kleinen Anzeige große Wirkung erzielen.

Platzierung im vorderen Teil der Zeitschrift?

Im allgemeinen scheinen Anzeigen, die im vorderen oder hinteren Teil einer Zeitschrift stehen, gleich gut registriert zu werden, während im mittleren Teil die Aufmerksamkeit abfällt. Letztendlich hängt dies jedoch vom Leseverhalten des Einzelnen ab. Intensivleser sehen sich die ganze Zeitschrift an und kommen mit allen Anzeigen in Kontakt.

Platzierung oben rechts auf der Seite?

Es gibt eine etwas umstrittene Theorie die besagt, dass die ideale Platzierung einer Anzeige oben rechts auf der Seite sei. Diese Platzierung ist durch unsere Lesegewohnheit gut nachvollziehbar: Wir fangen üblicherweise oben an, einen Text zu lesen. Der unaufmerksame Leser, der Zeitungen oder Zeitschriften nur durchblättert, wird demnach hauptsächlich Überschriften lesen. Die Platzierung am Rande ist sicher vorteilhaft, da so die „Konkurrenz" nur an zwei Seiten steht, nicht aber rundherum. In der Regel wird es jedoch schwer möglich sein, einen solchen

Platz zu ergattern, da diese häufig an Dauerkunden mit festen Buchungen für das ganze Jahr vergeben sind.

> ■ Sie sollten insgesamt allerdings bedenken, dass eine gute Platzierung eine schlechte Gestaltung nicht rettet.

Welche Vor- und Nachteile Sie abwägen sollten

Wenn Sie Ihre Werbung in Zeitungen schalten möchten, bieten sich Ihnen folgende Vorteile:

- Zeitungswerbung ist unbegrenzt verfügbar und kann auch kurzfristig eingesetzt werden.
- Mit Werbung in einer Zeitung erreichen Sie bereits mit einer Anzeigenschaltung eine hohe Reichweite und Sie können sehr schnell viele Kontakte aufbauen.
- Werbung in Zeitungen ist regional und lokal sehr gut steuerbar und ermöglicht Ihnen auch einen zeitlich gezielten Einsatz.
- Eine Zeitung verfügt insgesamt über eine hohe Akzeptanz und Glaubwürdigkeit.
- Eine Zeitung hat die zentrale Funktion als Informationsquelle für den Einkauf und kann daher steuernd auf das Kaufverhalten wirken.

Diesen Vorteilen stehen allerdings folgende Nachteile gegenüber:

- Die Druckqualität von Zeitungen ist oft nicht besonders gut.
- Die Lebensdauer von Zeitungen und damit auch die der Anzeigen ist relativ kurz.

- Zeitungen werden oft nur von einer Person gelesen und nicht weitergereicht.
- Sie können nicht Ihre spezielle Zielgruppe ansprechen.
- Die Reichweite und regelmäßige Nutzung bei jugendlichen Zielgruppen ist unbefriedigend.
- Die Kosten einer Anzeigenschaltung in einer Zeitung sind hoch.

> - Als Gesamttendenz bei Zeitungen zeigt sich eine leicht sinkende Akzeptanz bei jüngeren Zielgruppen.

Zeitschriften auswählen

Auch bei Zeitschriften haben Sie eine große Auswahl unterschiedlicher Zeitschriftengattungen. Eine grobe Klassifikation ist die in Publikums- und Fachzeitschriften.

Beispiele für Publikumszeitschriften
Illustrierte: *Bunte, Neue Revue*
Frauen und Modezeitschriften: *Brigitte, Amica, Freundin*
Programmzeitschriften: *TV Today, Hörzu, TV Movie*
Special-interest Titel: *Auto Motorsport, Geo, Das Haus*

Was Werbung in Publikumszeitschriften auszeichnet

- Publikumszeitschriften wenden sich an ein sehr breites Publikum. Das Angebot ist breit gestreut, aber bei Special-interest-Titeln, die sich an eine spezifische Leserschaft richten, auch sehr genau auf bestimmte Zielgruppen zugeschnitten.

- Der Anzeigenanteil umfasst zwischen 30 – 50 % des Heftumfangs und ermöglicht einen relativ günstigen Verkaufspreis. Zeitschriftenwerbung ist durch den hohen Anzeigenanteil wesentlich günstiger als Zeitungswerbung.
- Publikumszeitschriften weisen aufgrund ihrer wiederholten Nutzung hohe Seitenmehrfachkontakte auf. Die Leser(innen) wenden sich in der Regel diesem Medium konzentriert und ohne Nebenbeschäftigung zu.
- Publikumszeitschriften dienen der Unterhaltung und Information. Sie bieten Lebenshilfe und unter Umständen auch einen Expertenstatus für die Leser.
- Zeitschriften gelten generell als Basismedium. Sie können Ihren Bekanntheitsgrad und Ihr Image steigern und die Neueinführung von Produkten teilweise auch in regionalen Gebieten unterstützen.

Wie Sie Zeitschriften buchen

In der Regel werden Zeitschriften national gebucht und nur selten ist eine Teilbelegung einer Zeitschrift möglich. Teilweise erfolgt eine Buchung von Zeitschriftenkombinationen.

Der Basispreis einer Anzeige in einer Zeitschrift bezieht sich auf eine $1/1$ Seite schwarzweiß. 2-, 3- oder 4-farbige Anzeigen bzw. Sonderfarben werden mit Zuschlägen berechnet. Die Seitenanteile entsprechen entweder genau dem jeweiligen Bruchteil des $1/1$ Seitenpreises oder sie sind verlagsabhängig teurer.

Neben der Mengen- und Malstaffel wie bei den Zeitungen gibt es bei Zeitschriften noch weitere Rabattformen. Dazu zählen Kombinationsrabatte bei paralleler Belegung einer Anzeige in verschiedenen Verlagstiteln, der Mehrseiten-Rabatt sowie Globalrabatte bei internationaler Belegung von Zeitschriften innerhalb eines Verlages.

Welche Anzeigenformate Sie wählen können

Eine Basisanzeige ist eine $^1/_1$ Seite bzw. entsprechende Bruchteile davon, teilweise in Quer- und Hochformaten, im Satzspiegel oder im Anschnitt, über den Bund oder als Anzeigenstrecke.

Neben der Basisanzeige stehen Ihnen noch zahlreiche Sonderformen zur Verfügung:

Add-a-card Anzeigen: Eine Add-a-card Anzeige ist eine auf die Basisseite mechanisch aufgeklebte Postkarte. Dieses Format wird z. B. für Preisausschreiben, Prospektanforderungen oder Warenbestellungen angewendet.

Mechanischer Anzeigensplit: Mehrere Anzeigenmotive gleicher Größe werden innerhalb einer Zeitschrift nach bestimmten Auflagenzahlen aufgeteilt, z. B. Motiv A und Motiv B abwechselnd in jeder zweiten Ausgabe. Das Verfahren ist in der Praxis allerdings relativ selten.

Geographischer Anzeigensplit: Mehrere Anzeigenmotive gleicher Größe werden innerhalb einer Ausgabe nach Verbreitungsgebieten aufgeteilt.

Beihefter: Fertige Prospekte werden in die Heftmitte integriert. Der Umfang ist in der Regel 4–16 Seiten und die maximale Größe das Heftformat.

Beilagen: Blätter, Karten oder Prospekte werden lose in die Zeitschritt eingelegt.

Duftproben: Duftkomponenten werden in einer Anzeige versiegelt.

Warenproben: Verschweißte Produktproben werden auf eine Trägeranzeige geklebt. Die Belastbarkeit der Verpackung muss dabei mindestens 1 000 Kilopond sein, d. h. einem Gewicht von mindestens 100 kg standhalten können. Eine hohe Belastung der Warenproben kann beim Transport oder der Lagerung auftreten und bei Zerstörung der Verpackung zu Verunreinigungen der Zeitschrift führen.

Welche Vor- und Nachteile Sie abwägen sollten

Besondere Vorteile der Werbung in Publikumszeitschriften zeigen sich in folgenden Punkten:

- Zeitschriften, die auf eine spezifische Leserschaft abgestimmt sind (z. B. Special-interest-Zeitschriften), erlauben es, diese Zielgruppen genau zu erreichen.
- Die Kosten für eine Anzeige in einer Publikumszeitschrift sind relativ gering.
- In Publikumszeitschriften finden Sie häufig eine hohe Druckqualität, die es ermöglicht, Produkte attraktiv und farbig abzubilden.
- Anzeigen in Zeitschriften haben ein längeres Leben als Anzeigen in Zeitungen oder Spots im Hörfunk oder Fernsehen.
- Es gibt vielfältige Sonderformate bei den Anzeigen.

Als nachteilig erweisen sich hingegen folgende Punkte:

- Die Aktualität lässt mit abnehmendem Erscheinungsintervall (monatlich, vierteljährlich) nach.
- Es gibt ein Überangebot von Titeln.
- Es gibt vielfach Titelüberschneidungen innerhalb einer Lesekategorie, so dass es viele Doppelleser gibt.

> In der Gesamttendenz zeigt sich bei den Publikumszeitschriften eine weiter zunehmende Segmentierung im Special-interest-Bereich.

Welche Besonderheiten Fachzeitschriften aufweisen

Fachzeitschriften sind periodisch erscheinende Zeitschriften mit fachspezifischen redaktionellen Themen- und Anzeigeninhalten. Sie werden überwiegend beruflich genutzt.

Folgende Merkmale zeichnen Fachzeitschriften aus:

- Fachzeitschriften sind relativ aktuell, ihre Inhalte sind fachspezifisch, ihre Erscheinungsweise liegt in der Regel zwischen einer Woche und einem Quartal.
- Auflagenzahlen werden oft nicht über die verkaufte Auflage, sondern über Frei- und Belegexemplare erzielt. Viele Titel erreichen nur sehr kleine Auflagenzahlen.
- Es gibt ein Überangebot an Titeln, exakte Kostenvergleiche sind aufgrund ungenügend abgesicherter Planungsdaten nur schwer zu erreichen.

- Die Produktionskosten von Anzeigen für Fachzeitschriften sind niedrig.
- Die Zielgruppenaufteilung ist von allen Printmedien die höchste.
- Die Werbemittelkontaktchancen liegen unter den übrigen Zeitschriften.
- Fachzeitschriften dienen als Basis- und Ergänzungsmedium.

Insgesamt bieten Ihnen Fachzeitschriften den Vorteil von geringen Streuverlusten sowie einem hohen Abonnenten-Anteil.

Nachteilig ist hingegen, dass je nach Branche ein Überangebot an Fachtiteln besteht. Da für viele Titel eine neutrale Auswertung von Mediadaten nicht vorliegt, wird die Mediaplanung erschwert.

Den Hörfunk nutzen

Beim Hörfunk stehen Ihnen grundsätzlich öffentlich-rechtliche Sender, die ARD Rundfunkanstalten und private Sender zur Verfügung. In Deutschland gibt es insgesamt 11 ARD-Rundfunkanstalten, die in dem jeweiligen Bundesland bei hoher Sendeleistung ausstrahlen. Bei den privaten Sendern handelt es sich überwiegend um lokale Sender mit geringerer Sendeleistung und nur teilweise landesweiter Ausstrahlung.

Was Werbung im Hörfunk auszeichnet

- Die öffentlich-rechtlichen Sender erzielen aufgrund ihrer landesweiten Ausstrahlung sehr hohe Reichweiten. Private Sender haben selten eine regionale, oft lediglich eine örtliche Flächendeckung. Aufgrund der eher lokalen Ausrichtung dieser Sender wird das Mediageschäft vielfach durch das Schalten im so genannten Funkkombi erleichtert.

- Am meisten wird morgens Radio gehört, dementsprechend sind die Sekundenpreise am Morgen relativ hoch. Sie nehmen im weiteren Tagesverlauf ab. Tagsüber wird der Hörfunk vor allem als Nebenbei-Medium genutzt.

- Die Werbemittelkontaktchance hängt davon ab, wie häufig der Spot gesendet wird, und von dem Anteil bewusst zuhörender Teilnehmer. Die vertiefende Wirkung durch Spotwiederholungen wird durch Zapping (Senderwechsel) und die übrige Hörerfluktuation begrenzt.

- Die Möglichkeiten zur Auswahl der Zielgruppe variieren nach Senderstruktur und Zeitablauf.

- Die Mediengesetze beschränken die Werbung im Hörfunk auf 20 % des redaktionellen Anteils pro Stunde (12 Minuten).

- Die Wirkung eingesetzter Spots wird durch die Blockbildung im öffentlich-rechtlichen Hörfunk eingeschränkt. Im privaten Hörfunk ist bei der Planung das unmittelbare redaktionelle Umfeld oft noch nicht vorhersehbar.

- Hörfunkspots können Sie einsetzen, wenn Sie eine rasche Bekanntmachung Ihrer Produkte bzw. Ihres Firmennamens anstreben oder zu einer Relaunch-Unterstützung. Der Hörfunk sollte allerdings immer nur ein regionales Ergänzungsmedium sein.

Wie Sie Hörfunk buchen

In öffentlich-rechtlichen Sendeanstalten können Spots an Werktagen (Montag bis Samstag) in festen Werbeblöcken (3 bis 7 Minuten) geschaltet werden. Es gibt keine Werbung an Sonn- und Feiertagen. Die Spotlängen sind 15 und 60 Sekunden. Bei Aufträgen, die beim öffentlich-rechtlichen Hörfunk bis zum 30.09. des Vorjahres vorliegen, können Sie auf die Plazierung Einfluss nehmen. Die anschließend eintreffenden Aufträge werden unter Berücksichtigung der jeweiligen Terminsituation in der Reihenfolge des Posteingangs eingeplant. Beim privaten Hörfunk ist in der Regel eine sehr kurzfristige Buchung möglich.

Der Preis für das Schalten eines Funkspots setzt sich aus einem Sekundenpreis und der Länge des Spots zusammen (Sekundenpreis mal Sekunden der Einschaltlänge). Die Tarife variieren sehr stark und sind von der Senderstruktur, der Reichweite und der Tageszeit abhängig. Rabatte beziehen sich auf die Höhe Ihrer gesamten Schaltkosten bei einem Hörfunksender. Die Rabattstaffel bei den ARD-Rundfunkanstalten bewegt sich zwischen 2,5 % und 15 %.

Welche Vor- und Nachteile Sie abwägen sollten

Beim Schalten von Hörfunkwerbung bieten sich Ihnen folgende Vorteile:

- Durch Sender- und Programm- bzw. Sendezeitenwahl ist eine Zielgruppenauswahl grundsätzlich, wenn auch nur sehr grob, möglich. Manche Sender werden hauptsächlich von älteren bzw. von jüngeren Leuten, von Hausfrauen etc. gehört.
- Das Medium Funk ist relativ kostengünstig bei der Schaltung und auch bei der Produktion der Spots.
- Bei bestimmten Sendern zeigt sich eine starke emotionale Hörerbindung, was Ihrer Werbung zugute kommt.

Den Vorteilen der Hörfunkwerbung stehen allerdings auch folgende Nachteile gegenüber:

- Bei Hörfunkspots zeigt sich zum Teil eine unerträgliche Penetration durch Spotwiederholungen. Auch lange Werbeblöcke sind für die Hörer unangenehm.
- Bei privaten Sendern ist die Reichweite oft nur sehr gering. Der Privatsender Radio Bielefeld z. B. hat eine Tagesreichweite von 71 000 Hörer. Im Vergleich dazu erreicht allein WDR2 2,7 Mio. Hörer am Tag.

> - Insgesamt zeigt das Medium Hörfunk eine positive Entwicklung durch die vermehrte Nutzung nebenbei.

Kinowerbung schalten

Bei der Auswahl des Kinos als Werbeträger stehen Ihnen unterschiedliche Kinogattungen zur Verfügung, die sich an sehr unterschiedliche Zielgruppen wenden. So gibt es Programmkinos, die sich vor allem an die Zielgruppe der Studenten oder

Personen über 30 Jahre wenden, City-Kinos bzw. Premierenkinos, deren Zielgruppe ein großstädtisches, aufgeschlossenes Publikum ist, Action Kinos, die sich an männliche Jugendliche bis 24 Jahre richten, Studio-Kinos mit sehr anspruchsvollen Filmen oder Autokinos mit der Zielgruppe der Autofahrer.

Was Werbung im Kino auszeichnet

- Kinofilme erreichen überproportional die Zielgruppe im Alter von 14 bis 29 Jahren.
- Die Produktionskosten für Dia- und Kinospots sind, gegenüber denen von Werbefilmen, relativ preisgünstig.
- Der Kontakt mit der Werbung ist zwar flüchtig und besteht bis zum nächsten Kinobesuch lediglich aus einem einzigen Kontakt, die Hinwendung ist aber sehr bewusst, da sich der Besucher dem Bild nicht entziehen kann. Eine dauerhafte Werbewirkung, die auf mehreren Werbekontakten beruht, lässt sich nur für junge Zielgruppen realisieren, welche die Hauptbesuchergruppen von Kinos darstellen.
- Die regionalen und örtlichen Selektionsmöglichkeiten bei der Schaltung von Kinowerbung sind gut.
- Die Wirkung von Kinowerbung ist in der Regel intensiv, aber kurz. Sie sollten sie deswegen vor allem als unterstützendes Medium zur Demonstration von Produktnutzen und zu Imagekampagnen einsetzen.
- Die Werbung in Kinos wird fast ausschließlich von Spezialmittlern (Werbeverwaltungen) durchgeführt, die über entsprechende Unterlagen und Daten (z. B. Besucherzahlen, Kinoqualität) und Dispositionsfachkräfte verfügen.

Welche Werbeformen Ihnen im Kino zur Verfügung stehen

Diapositiv (= Stumm-Dia): Es handelt sich um ein Stand-Diapositiv. Die Standzeit beträgt ca. 10-20 Sekunden. Das Diapositiv ist monatlich buchbar und die Preise variieren je nach Bedeutung des gebuchten Kinos.

Dia auf Film (= DaF): Anstelle des Dias tritt ein gefilmtes Standbild. Die Dauer der Exposition beträgt bis 20 Sekunden.

Kinospot: Unter Kinospots werden Kurzfilme mit einer Länge von 6 bis 12 m verstanden. Die Vorführzeit beträgt 13 bis 26 Sekunden. Die Herstellung ist einfach und relativ preiswert, kann aber bei einem Einsatz von Realszenen mit Schauspielern bzw. Trickaufnahmen sehr teuer werden. Die Mindestlaufzeit beträgt in der Regel 12 Monate. Ein monatlicher Motivwechsel ist möglich.

Werbefilm: Der Werbefilm ist das bevorzugte Werbemittel im Kino. Dabei stehen Ihnen alle Möglichkeiten des Spielfilms in technischer und gestalterischer Hinsicht zur Verfügung. Die Mindestdauer beträgt 44 Sekunden, die Mindestschaltzeit beträgt eine Woche und die Abrechnung erfolgt nach Metern. Für die Mindestdauer von 44 Sekunden werden 20 m Film benötigt.

Neben den eher klassischen Werbeformen im Kino ist Werbung auch auf Eintrittskarten möglich. Das eingeschränkte Format einer Kinokarte lässt allerdings meist nur Platz für einen Slogan oder ein Logo.

Welche Vor- und Nachteile Sie abwägen sollten

Die Hauptvorteile der Kinowerbung sind:

- Es werden viele Personen aus den Zielgruppen unter 30 Jahren erreicht.
- Das Kino ist das Werbemedium mit den geringsten Streuverlusten bei jugendlichen Zielgruppen.
- Beim Kino bestehen gute örtliche und regionale Selektionsmöglichkeiten.

Nachteile der Kinowerbung sind:

- Die Zielgruppe ist überwiegend jugendlich.
- Die Erinnerung an einen Spot ist nur durch emotionale Gestaltung zu erreichen.
- Die Schaltkosten bei Großkampagnen sind hoch.

> ■ Die wachsende Anzahl der Kinos in Deutschland weist auf eine positive Gesamttendenz des Mediums Kino hin. Der Trend geht zu großen Multiplex-Kino-Centern, die mit perfekter Technik bei der Vorführung und Cafés, Restaurants und Geschäften ein erlebnisorientiertes Kinovergnügen bieten. Ein positiver Trend zeigt sich auch bei Zielgruppen zwischen 30 und 39 Jahren. ■

Das Fernsehen einsetzen

Die Fernsehwerbung startete 1956 und wurde drei Jahre später zum festen Bestandteil aller regionalen ARD-Anstalten. Heute zeigt sich eine stark differenzierte Fernsehlandschaft mit den öffentlich-rechtlichen Fernsehanstalten und einer Vielzahl von Privatsendern.

Was Fernsehwerbung auszeichnet

- In öffentlich-rechtlichen Sendern lässt sich die Werbung von Montag bis Samstag in festen Werbeblöcken zwischen 16.59 Uhr (1. Werbeblock) und 19.59 Uhr (letzter Werbeblock) schalten. Bei besonderen Sportereignissen gibt es Ausnahmen, bei denen außerhalb dieser Zeiten Werbung plaziert werden darf. Bei den privaten Sendern ist als maximale Werbezeit 20 % des redaktionellen Programms an allen Tagen zulässig.

- Die ARD-Anstalten bieten entweder regionale oder nationale Belegungsmöglichkeiten, das ZDF kann nur bundesweit gebucht werden. RTL und SAT 1 können nur von ca. 60 % der Haushalte empfangen werden, die Reichweiten der übrigen Sender liegen noch erheblich darunter.

- Das Zappingverhalten wird durch die zunehmenden Unterbrechungen durch Werbung gefördert. Dies gilt nicht nur für Privatsender, sondern auch für lange Werbeblöcke der öffentlich-rechtlichen Sender.

- Sie können das Fernsehen als Basismedium für Ihre Werbung nutzen. TV-Spots werden vor allem zur Schaffung eines schnellen Bekanntheitsgrades eingesetzt, wobei die Werbekontakte eher zufällig zustande kommen.

Im Folgenden sehen Sie beispielhaft, wie ein Programmschema für die nationale Buchung von TV-Spots aussieht.

Programmschema für die Buchung von TV-Spots

Uhrzeit	Montag bis Freitag	Uhrzeit	Samstag
16.03	Mo-Do: Fliege	17.30	Sportschau
16.59	Werbung 05	17.58	Werbung 10
17.00	Tagesschau um fünf	18.00	Tagesschau
17.15	Brisant	18.05	Werbung 20
17.43	Regionale Information	18.10	Brisant
17.53	Werbung 10	18.40	Werbung 30
17.57	Daily – „Verbotene Liebe"	18.45	Serie/Unterhaltung
18.21	Werbung 20	19.10	Werbung 40
18.27	Daily – „Marienhof"	19.16	Serie/Unterhaltung
18.51	Werbung 30	19.40	Heute Abend im Ersten
18.55	Serie/Unterhaltung Teil 1	19.41	ARD Wetterschau
19.19	Werbung 40	19.44	Werbung 50
19.26	Serie/Unterhaltung Teil 2	19.50	Ziehung der Lottozahlen
19.50	Werbung 50	19.59	Best-Minute-Block
19.52	Das Wetter	20.00	Tagesschau
19.56	Werbung 55		
19.58	Heute Abend im Ersten		
19.59	Best-Minute-Block		
20.00	Tagesschau		

Wie der Preis für Fernsehspots berechnet wird

Der Preis für das Schalten eines Fernsehspots wird nach der Grundformel Sekundenpreis mal Sekunden der Einschaltlänge berechnet. Neben diesem Grundpreis gibt es eine Vielzahl unterschiedlicher Tarife, die von der Sender-Reichweite, der Sendezeit und dem Monat, in dem die Werbung geschaltet werden soll, abhängen. Je nach der Anzahl der Sekunden der Gesamtschaltdauer werden Rabatte gewährt.

Welche Vor- und Nachteile Sie abwägen sollten

Das Fernsehen ist der Werbeträger mit den höchsten Zuwachsraten aller Medien und stellt ein sehr effektives Medium für Ihre Werbung dar. Wenn ein Fernsehspot tatsächlich von Ihrer Zielgruppe gesehen wird, können Sie von einer sehr großen Wirkung ausgehen.

Grenzen für den Einsatz der Fernsehwerbung liegen sicherlich in den Kosten. Die Schalt- und Produktionskosten von Fernsehspots sind sehr hoch. Außerdem können Sie nicht genau wissen, ob die Spots Ihre Zielgruppe auch tatsächlich erreichen. Die Spotkontakte im Fernsehen sind eher zufällig. Zu bedenken ist, dass bei Werbeunterbrechungen der Zappinganteil sehr hoch ist.

■ In der Gesamttendenz zeigen die öffentlich-rechtlichen Sender abnehmende Reichweiten zugunsten der Privatanbieter. Die Schaltkosten, um eine bestimmte Zahl von Kontakten zu erzielen, steigen. ■

Plakate verwenden

Die Plakatwerbung ist neben der Verkehrsmittelwerbung und der Werbung durch Schilder eine Form der Außenwerbung.
Die Plakatformate richten sich nach einer DIN Reihe. Ausgangspunkt aller Formate und der Berechnung der Schaltkosten ist der $1/1$ Bogen (DIN A1). Alle Plakate müssen diesem Format oder einem Vielfachen davon entsprechen bzw. darin teilbar sein.

Welche Plakatanschlagstellen Sie wählen können

Die allgemeinen Anschlagstellen von Plakaten sind Säulen oder Tafeln, die mehreren Werbetreibenden dienen und auf öffentlichem Grund stehen. Ihnen liegt ein Pachtvertrag mit der jeweiligen Kommune zugrunde. Sie stehen häufig in Wohngebieten und werden stark für Kulturinformationen genutzt.

Über die allgemeinen Anschlagstellen hinaus können Sie folgende weitere Typen von Plakatanschlagstellen nutzen:

Ganzstellen: Bei Ganzstellen handelt es sich um Säulen und Tafeln, die nur Sie allein nutzen können. Sie stehen auf öffentlichem Grund. Es können nur ganze Netze von Ganzstellen nach Dekaden, d. h. jeweils für 10-Tage-Perioden, gebucht werden.

Großflächen: Großflächen sind Tafeln, die, wenn Sie sie mieten, Ihnen allein zur Verfügung stehen. Anschlagunternehmen bieten verschiedene Standortanalysen ihrer Großflächen an. Das Format von 3,56 m Breite auf 2,52 m Höhe ist genormt. Sie stehen auf privatem Grund und befinden sich eher am Stadtrand und in Industriegebieten. Die Flächen können individuell selektiert werden. Die Preise werden pro Tag und Fläche kalkuliert. Die Buchung ist nach Dekaden möglich.

Spezialstellen: Bei Spezialstellen handelt es sich um Säulen, Tafeln oder Flächen, die sich im Format, der Anbringungsdauer, den Verwendungsmöglichkeiten und den Standorten von den übrigen Anschlagstellen unterscheiden. Es können z. B. genehmigte Flächen auf Bauzäunen, Häuserwänden, Uhrensäulen und Sonderaufsteller zu Messen sein.

Kleintafeln: Kleintafeln befinden sich in der Nähe von Einkaufsstätten und bieten Platz für $^4/_1$ bzw. $^6/_1$ Bögen.

Prismaton: Im zentralen Eingangsbereich von Märkten werden zunehmend Prismatone positioniert. Es handelt sich dabei um stationäre bzw. mobile Hinterglasvitrinen. Sie können Prismatone nach Wochen und Dekaden buchen.

City Light Poster: City Light Poster werden in beleuchteten Vitrinen an Wartehallen und Informationsanlagen ausgestellt. Als Format werden in der Regel $^4/_1$ Bögen eingesetzt. Für City Light Poster sind nur ganze Netze belegbar, die sich auf die Innenstadtbereiche konzentrieren. Die Belegungsmöglichkeiten sind von Stadt zu Stadt verschieden.

Superposter: Superposter bieten das Superformat von 5,26 m auf 3,72 m, was $^{40}/_1$ Bögen entspricht. Superposter sind oftmals erhöht und gut ersichtlich an Gebäudefasaden in größeren Städten zu finden. Die Flächen können individuell selektiert werden. Die Preiskalkulation und Buchungsmöglichkeit ist jedoch oftmals nur monatlich möglich.

Die Schaltkosten bei allgemeinen Anschlagstellen berechnen sich nach dem Bogentagespreis ($^1/_1$), der Anzahl der Bögen, der Anzahl der belegten Stellen sowie nach den Tagen, an denen das Plakat geschaltet ist. Bei Ganzstellen oder Großflächen berechnen sich die Schaltkosten nach dem Preis für die komplette Stelle sowie der Anzahl der belegten Stellen und der Anzahl der geschalteten Tage.

Was Werbung auf Plakaten auszeichnet

- Die Wirksamkeit einer Plakataktion ist von der Stellenart, der Standortqualität sowie der Anzahl belegter Stellen abhängig.

- Die normale Nutzungsdauer liegt bei 10 Tagen, wobei es auch Dekaden von 11 Tagen und zum Anfang bzw. Ende des Jahres von 14 Tagen gibt.

- Der Kontakt mit dem Plakat ist zufällig, unbewusst und selten intensiv. Die Selektionsmöglichkeiten sind regional und örtlich gut.

- Das Plakat beschränkt sich in der Regel bei einer Konzentration auf Wort und Bild auf das Wesentliche.

- Sie sollten Plakatwerbung vor allem zur Vermittlung von Kurzinformationen, für Testmarkt-Neueinführungen und zur Erinnerungswerbung als Ergänzungsmedium einsetzen.

Welche Vor- und Nachteile Sie abwägen sollten

Ein Vorteil der Plakatwerbung liegt in der außergewöhnlich hohen Reichweite. Sie umfasst beinahe die gesamte Bevölkerung. Auch die Kontakthäufigkeit ist sehr hoch. Plakate erreichen, wenn sie strategisch günstig platziert sind, ihr Zielpublikum auf dem Weg zur Arbeit, zum Einkaufen, usw., das ganze Jahr und rund um die Uhr.

Plakate sind ein relativ preiswertes Medium, welches gleichzeitig eine gute Auswahl für landesweite, regionale oder örtliche Kampagnen ermöglicht. Voraussetzung für eine Aufmerksamkeitswirkung ist allerdings eine eindrucksvolle, kreative

Gestaltung. Die wichtigen Informationen müssen sehr kurz und prägnant präsentiert werden.

Als nachteilig erweist sich, dass es in der Regel bei Plakaten nur zu einer sehr flüchtigen Kontaktaufnahme kommt. Außerdem bestehen keine Auswahlmöglichkeiten nach soziodemographischen Zielgruppenkriterien. Bei großen flächendeckenden Plakataktionen sollten Sie die Kosten nicht unterschätzen.

Beachten sollten Sie, dass ein Konkurrenzausschluss bei allgemeinen Anschlagstellen nicht gewährleistet ist.

> ■ Insgesamt zeigt das Werbemedium Plakat in seiner Zukunftsentwicklung eine positive Gesamttendenz. Es werden zunehmend elektronisch gesteuerte Werbeflächen ausgebaut und unattraktive Standorte beseitigt. ■

Wie die Werbemedien im Vergleich abschneiden

Auf den Seiten 98 und 99 finden Sie alle Werbemedien mit ihren Eigenschaften und Funktionen in einer Übersicht dargestellt.

Welche Informationsgrundlagen Sie benötigen

Um Werbemedien auswählen und planen zu können, existieren komplexe Verfahren, welche die Fülle der Informationen über die einzelnen Werbemedien verarbeiten. Diese Aufgabe wird in der Regel von Ihrer Werbeagentur oder von Mediaagenturen übernommen. Dennoch sollten Sie, wenn Sie werben möchten, bestimmte Begriffe und Informationsquellen kennen, die im Zusammenhang mit der Werbeträgerauswahl unverzichtbar sind.

Fachbegriffe, die Sie kennen sollten

Es gibt eine Reihe von Fachbegriffen, die bei der Auswahl von Werbemedien eine wichtige Rolle spielen und die Sie daher kennen sollten. Es sind vor allem Kriterien, anhand derer Sie die Leistungsfähigkeit der verschiedenen Werbemedien analysieren können. Zu ihnen zählen:

Nettoreichweite

Die Nettoreichweite umfasst die Anzahl der Personen einer Zielgruppe, die von einem Werbeträger oder einer Werbeträgerkombination mindestens einmal erreicht werden. Mehrfach erreichte Personen werden nur einmal gezählt.

Beispiel
Sie schalten eine Anzeige für Golfschläger in der Zeitschrift „Golf". Mit dieser Zeitschrift können 250 000 Personen der Zielgruppe erreicht werden. Insgesamt spielen 500 000 Bundesbürger Golf. Es wird also die Hälfte aller Golf spielenden Bundesbürger erreicht. Das entspricht 50 % oder 250 000 Nettoreichweite.

Kontakte

Grundsätzlich wird zwischen Werbeträger- und Werbemittelkontakt unterschieden. Mit der statistisch errechneten Kon-

Die Werbeträger im Überblick

Eigenschaften der Werbeträger	Medien		
	Zeitung	Zeitschrift	Fernsehen
Darstellungsmöglichkeiten	Text, Einzelbilder, Grafiken, Zeichnungen	Text, Einzelbilder, Grafiken, Zeichnungen	Bild, Ton, Text (multisensorische Ansprache)
Nutzung durch den Kunden	privat oder am Arbeitsplatz	privat oder am Arbeitsplatz	zu Hause (meist nachmittags und abends)
Wie wird geworben?	informierende und argumentierende Werbung	informierende Werbung, emotionale Appelle	suggestiv, emotional und argumentierend
Mögliche Kontakte	mehrfach	mehrfach	einmalig
Auswahlmöglichkeiten	lokal, regional und überregional	nach Zielgruppen/ Leserschaft	nach Einschaltquoten
Reichweite	bei Gesamtbelegung hoch	hoch	relativ gering
Erscheinungsweise	täglich	von wöchentlich bis vierteljährlich	täglich
Verfügbarkeit	keine Beschränkungen	keine Beschränkungen	gesetzliche Beschränkungen
Kosten pro Kontakt	relativ hoch	relativ niedrig	im mittleren Bereich

Die Werbeträger im Überblick

Eigenschaften der Werbeträger	Medien		
	Radio	**Kino**	**Plakat**
Darstellungsmöglichkeiten	Ton (Sprache und Musik)	Bild, Ton, Text (multisensorische Ansprache)	Bild und Text
Nutzung durch den Kunden	privat (im Auto, in der Freizeit), ganztägig	in der Freizeit (meist abends, an Wochenenden)	flüchtig beim Vorbeigehen oder -fahren
Wie wird geworben?	rationale Werbung, emotionale Appelle	vorwiegend emotionale Appelle	Vermittlung von Kurzinformationen
Mögliche Kontakte	einmalig	einmalig	mehrfach
Auswahlmöglichkeiten	nach Zuhöreranteilen	regional und lokal	regional
Reichweite	relativ gering	relativ gering	gering
Erscheinungsweise	täglich	täglich	täglich
Verfügbarkeit	unterschiedliche Beschränkungen	zu Filmvorführzeiten	keine Beschränkungen
Kosten pro Kontakt	relativ niedrig	relativ hoch	sehr unterschiedlich

taktzahl wird angegeben, wie häufig eine Person oder Personengruppe (Zielgruppe) mit einem oder mehreren Werbeträgern bzw. Werbemitteln in Berührung kommt. Vielfach wird das Durchblättern einer Zeitschrift als Kontakt bewertet.

Beispiel
Zurückgreifend auf das obige Beispiel wurde bei einer Anzeigenbelegung eine Nettoreichweite von 250 000, mit jeweils einer Kontaktchance pro erreichter Person, erzielt. Unter der Voraussetzung, dass die Zeitschrift „Golf" jeweils nur einmal pro Heftnummer kontaktiert wird, erhöht sich der Kontaktwert nach der zweiten Anzeigenschaltung auf 2 mal 250 000 = 0,5 Mio. Kontakte. Die Nettoreichweite bleibt dagegen gleich.

Gelegentlich wird die Summe der erzielten Kontakte auch als Bruttoreichweite bezeichnet. Diese Idealzustände sind in der Praxis jedoch relativ selten anzutreffen. Pro Heft ergeben sich häufig mehrfache Kontakte, da es z. B. auch von weiteren Personen gelesen wird.

Gross Raiting Points (GRP)

Gross Raiting Points sind eine Meßgröße zur Bestimmung des relativen Werbedrucks, der bei einem bestimmten Medieneinsatz zu erwarten ist. Sie berechnen sich aus dem durchschnittlichen Kontaktwert, multipliziert mit der Nettoreichweite in Prozent, und werden auch Bruttoreichweite in Prozent genannt.

Beispiel
Bei zweimaliger Belegung der Zeitschrift „Golf" werden die erzielten zwei Kontakte je Leser mit der Nettoreichweite von 50 % multipliziert.
($2 \times 50 = 100$ GRP).

Tausend-Kontakt-Preis (TKP)

Der Tausend-Kontakt-Preis gibt an, wieviel es kostet, 1.000 Kontakte innerhalb der Zielgruppe zu erreichen.

$$\text{Tausend-Kontakt-Preis} = \frac{\text{Schaltkosten} \cdot 1\,000}{\text{Summe der Kontakte}}$$

Beispiel

Eine Anzeige in einer Zeitschrift „Golf" kostet 20 000 DM, nach zweimaliger Schaltung also 40 000 DM. Hierbei wurden eine halbe Millionen Kontakte erzielt.
Berechnung: TKP = (40 000 DM · 1 000) / 500 000.

Affinität

Affinität drückt den Anteil der Zielgruppe an der Nutzerschaft eines Mediums aus.

$$\text{Affinitätswert (in \%)} = \frac{\text{Zielgruppe}}{\text{Nutzerschaft}} \cdot 100$$

Beispiel

Eine durchschnittliche Ausgabe der Zeitschrift Golf hat 300 000 Leser, wobei nur 200 000 Leser auch aktive Golfspieler sind. 200 000 Leser gehören also nicht zu Ihrer Zielgruppe, wenn Sie eine Anzeige über Golfschläger inserieren.
Berechnung:

$$\text{Affinitätswert (in \%)} = \frac{200\,000}{300\,000} \cdot 100 = 66\,\%$$

Je höher der Affinitätswert eines Titels (maximal 100 %), desto geringer sind die Streuverluste.

Medientransparenz

Ein Medium besitzt eine hohe Transparenz, wenn viele soziodemographische Daten und Untersuchungen über die Verhaltensweisen der Mediennutzer vorliegen. Fehlen solche Planungsdaten oder sind diese nur unvollständig vorhanden, wird von einer niedrigen Medientransparenz gesprochen.

Welche Informationsquellen Sie nutzen sollten

Für den Entscheidungsbereich der Auswahl und Planung der Werbemedien sind – ungleich zu vielen anderen Bereichen – Daten im Überfluss vorhanden. Es werden alljährlich Mediaanalysen durchgeführt, welche die Kontaktmaßzahlen der einschlägigen Massenmedien und die Zusammensetzung des Personenkreises der Mediennutzer bereitstellen.

Im Folgenden finden Sie die wichtigsten Informationsquellen:

IVW Analysen

Die IVW – Informationsgemeinschaft zur Festlegung der Verbreitung von Werbeträgern e.V. – liefert mit den Auflagenlisten wichtige Planungsdaten für den Medieneinsatz. Von den Verlagen gemeldete Auflagenzahlen für wichtige Printmedien werden auf Antrag überprüft. Alle in den Auflagenlisten genannten Teilauflagen werden von neutraler Stelle kontrolliert und berechtigen zur Nennung des Zeichens „IVW-geprüft". Die IVW-Auflagenliste erscheint vierteljährlich.

Folgende Printmedien werden in der IVW-Auflagenliste für alle Bundesländer geführt: Tageszeitungen, Wochenzeitungen, Supplements, Publikumszeitschriften, Kundenzeitschriften, Fachzeitschriften, Kalender, Offertenblätter, Handbücher, Wirtschaftsadressbücher, Branchentelefonbücher und Gelbe Seiten.

Zusätzlich wird die Verbreitung von Tageszeitungen, Verkehrsmittelwerbung, Plakaten sowie Kinos erhoben.

MA – Mediaanalyse

Die MA (Mediaanalyse) von der AG MA (Arbeitsgemeinschaft Mediaanalyse) ist die Leit- und Basisstudie für die Mediaplanung. Die AG MA besteht aus

- Medienanbietern wie z. B. Zeitschriftenverlagen, Rundfunk- und Fernsehanstalten, Tageszeitungen, Filmtheatern,
- Mediennachfragern wie Werbeagenturen und Werbungtreibenden sowie aus
- Marktforschungsinstituten wie Basis Research, GfM-Getas, Ifak und Infratest.

> ■ Ziel der Analyse ist die Schaffung einer objektiven Transparenz der Werbemedien und einer einheitlichen Basis zum Medienvergleich. ■

Seit über 30 Jahren liefert die MA Basiswerte zum Medienkonsum. Ihr Untersuchungsumfang und ihre Informationstiefe werden den Anforderungen der Werbewirtschaft ständig angepasst.

Die Mediaanalyse erscheint jährlich und basiert auf mündlich geführten Interviews in deutschen Privathaushalten. Die Informationen werden dabei über unterschiedliche, aber zeitgleiche Untersuchungen (so genannte Tranchen) bei verschiedenen Personen gewonnen. Untersuchungsgegenstände sind:

- diverse Zeitschriften wie z. B. Illustrierte, Frauenzeitschriften, Motorzeitschriften, Sportzeitschriften, Haus- und Gartenzeitschriften etc.,
- eine Vielzahl von Zeitungen wie Tageszeitungen, Wochen- und Sonntagszeitungen,
- Fernsehen, d. h. verschiedene überregionale, regionale sowie private Sender,
- Hörfunk, d. h. diverse regionale Hörfunkprogramme sowie private Sender und
- Kino.

Die Ergebnisse werden in Form von verschiedenen Berichtsbänden veröffentlicht.

- Der „Berichtsband der nationalen Darstellung Pressemedien" enthält u. a. eine Bevölkerungsübersicht, eine Generalübersicht der Pressemedien, Zielgruppeninformationen, Nettoreichweiten sowie Informationen zum Medium Kino.
- Der „Berichtsband der nationalen Darstellung elektronische Medien" enthält ebenfalls eine Bevölkerungsübersicht, eine Generalübersicht Hörfunk mit Zielgruppeninformationen und eine Generalübersicht Fernsehen mit Zielgruppeninformationen und Nettoreichweiten.

- Des Weiteren werden regionale Berichtsbände herausgegeben. Der „Berichtsband der regionalen Darstellung Tageszeitungen, Supplements" enthält Einzeldarstellungen der Tageszeitungen und Supplements sowie die Struktur der Verbreitungsgebiete. Darüber hinaus erscheint eine Dokumentation über die Studie und ein Codeplan.

Im Jahr 1990 wurde eine so genannte Parallelwelle eingeführt, in der Werbeträger- und Werbemittelkontakte für Zeitschriften und Zeitungen ermittelt werden. In einem gesonderten Berichtsband finden Sie Informationen über gelesene Seiten, Seitenkontaktchancen, Werbeträger-Reichweiten, die Reichweite pro durchschnittlicher Seite, die Kontaktsumme nach der Schaltung und über Leser- und Kontaktwachstum.

VA – Verbraucheranalyse

Die VA ist eine Markt-Media-Analyse, welche die MA um weitere Informationen über Kauf und Verwendung von Produkten ergänzt. Die Bestimmung von Zielgruppen in Verbindung mit ihrer Mediennutzung ist eine notwendige Voraussetzung, damit Sie Ihre Werbung erfolgreich planen können. Die VA wird vom Axel Springer Verlag und von der Verlagsgruppe Bauer herausgegeben.

Die Medienauswahl der Verbraucheranalyse wird jährlich der MA angepaßt und die Produkt/Marktdatenbank insbesondere für Märkte mit starker werblicher Präsenz ständig aktualisiert. Die VA versucht möglichst viele Produktfelder mit einem Mindestmaß an Tiefe zu erfassen, anstatt wenige Produktfelder sehr detailliert zu untersuchen.

> ■ Die VA kombiniert demographische, psychographische und produktnutzungsbezogene Merkmale und liefert so realistische Daten zur Bestimmung des Marktpotentials, zur Zielgruppenselektion sowie zur Streuplanung. ■

Beispiele für untersuchte Produktfelder:
Getränke, Dienstleistungen, Haushaltsgeräte, Körperpflege, PKW, Süßwaren und Unterhaltungselektronik.

Beispiele für untersuchte qualitative Merkmale:
Freizeitinteressen, Produktinformationsinteressen, Einstellungen, Marken- und Preisbewusstsein.

Beispiele für demographische Merkmale:
Personen- und Haushaltsmerkmale.

Die VA erscheint jährlich. Die eingesetzte Interviewform ist eine mündlich/schriftliche Kombination, wobei etwa 11 100 Bundesbürger befragt werden. Die Berichterstattung erfolgt in vier Bänden:

Band I: Berichtband Demographie und Mediendaten, Käufer-/Verwenderzielgruppen.

Band II: Qualitative Merkmale: Demographie und Mediadaten, Freizeitinteressen, Produktinformationsinteressen, Einstellungen, Einstellungsdimensionen und Freizeittypen.

Band III: Codeplan.

Band IV: Interner Markenband.

AWA (Allensbacher Werbeträger Analyse)

Die Allensbacher Werbeträger Analyse (AWA) ist eine sinnvolle Ergänzung zur MA und VA. Neueste Marktentwicklungen und insbesondere neue Zeitschriftentitel werden von der AWA oft zuerst publiziert. Weitere Stärken der AWA liegen in der Vielzahl abgefragter Märkte, den Fragen zu Besitz, Kaufplänen, Kaufentscheidern und breiten Interessen- und Einstellungsmerkmalen.

Die Angaben über Interessengebiete, Einstellungen und Verhaltensweisen können mit anderen demographischen Merkmalen verknüpft werden und zur kreativen Zielgruppenbestimmung oder Bestimmung von Marktpotentialen genutzt werden.

Wie Sie die Auswahl der Werbemedien abwickeln

Auf Basis detaillierter Informationen und Daten über die einzelnen Werbemedien wird von Ihrer Werbeagentur bzw. Mediaagentur der Mediaplan und der Mediastreuplan erstellt.

> ■ Der Mediaplan dient als eine Auflistung aller Werbemedien, die sinnvoll genutzt werden können und die das Ergebnis einer strategischen, individuellen Vorabplanung darstellen. ■

In ihm werden sämtliche Schaltkosten unter Berücksichtigung von Rabatten und der Agenturprovision (AE-Provision) exakt ermittelt. Die Gesamtsumme orientiert sich an dem von Ihnen als Kunden vorgegebenen Etat. Der Mediastreuplan hat dann die Aufgabe, den geplanten zeitlichen Einsatz der verschiedenen Werbeträger zu dokumentieren.

Die einzelnen Schritte der Auswahl von Werbemedien zwischen Ihnen als Kunden, der Agentur und dem Verlag zeigt Ihnen die folgende Aufstellung am Beispiel einer Printanzeige.

1 Sie bzw. Ihre Agentur erteilt die Buchungsfreigabe für festgelegte Schalttermine an den Verlag.

2 Der Verlag nimmt den Anzeigenauftrag unter Berücksichtigung von Rabatt, Boni und einer AE Provision entgegen. Mit der AE Provision (Annoncen-Expeditionprovision) wird ein bestimmter Prozentsatz der Nettoschaltkosten der Agentur vergütet.

3 Der Verlag schickt die Auftragsbestätigung an die Agentur zurück.

4 Die Agentur überprüft die Auftragsbestätigung. Sie ist für den termingerechten Versand der Druckunterlagen an den Verlag bzw. die Druckerei verantwortlich.

5 Der Verlag schickt der Agentur bzw. dem Kunden ein oder mehrere Belegexemplare sowie die Rechnung über die Schaltkosten. Je nach Zahlungsmoral des Kunden wird unter Umständen vom Verlag eine Vorauszahlung verlangt.

6 Die Agentur überprüft die Rechnung, die Anzeigenplatzierung und die Druckqualität. Die Agentur begleicht die Rechnung oder sie reklamiert.

7 Die Agentur rechnet mit Ihnen unter Berücksichtigung der AE-Provision ab.

Checkliste: Wie Sie Ihre Auswahl von Werbemedien überprüfen können

1	Erreichen die ausgewählten Medien die Personen, die Sie mit Ihrer Werbung ansprechen wollen?
2	Wie direkt erreichen Sie Ihre Zielgruppe?
3	Wird die Zielgruppe häufig genug erreicht?
4	Wie ist die Akzeptanz des Mediums bei den Personen, die Sie erreichen wollen?
5	Wird die Botschaft über die ausgewählten Medien in einer angebrachten Form transportiert?
6	Wie groß ist die Ablenkung von Ihrer Botschaft durch das Umfeld?
7	Wie hoch sind die Kosten pro Tausend Kontakte?

Wo Sie sonst noch werben können

Neben den beschriebenen klassischen Werbemitteln und -trägern können Sie auch noch andere Möglichkeiten nutzen, Ihre Werbebotschaft der Zielgruppe zu übermitteln. Zum Beispiel können Sie Ihre Werbung in Messeauftritte integrieren oder das Internet für Werbezwecke nutzen.

Nutzen Sie Messen

Messen spielen im Rahmen der Kommunikation mit dem Kunden eine immer wichtigere Rolle. Die zunehmende Anonymität der Geschäftsbeziehungen durch moderne Kommunikationsmöglichkeiten wertet den persönlichen Kontakt bei Messen auf. Die Messe als eine Marktveranstaltung mit relevanten Anbietern und Nachfragern dient den Ausstellern nicht nur für den Vertrags- und Verkaufsabschluss, sondern auch für die Steigerung der Bekanntheit des Unternehmens bzw. der Produkte. Weitere Ziele von Messeauftritten sind:

- die Auffrischung und Anbahnung von Kundenkontakten,
- die Kundenbindung,
- das Erkennen von Kundenwünschen,
- die Vorstellung von Innovationen,
- die Informationsbeschaffung über Wettbewerber und neue Trends.

Die meisten Messen werden ausschließlich von Fachbesuchern mit der Absicht besucht, sich umfassend zu informieren, Entscheidungen vorzubereiten oder an Ort und Stelle zu treffen.

> ■ Messen bieten Ihnen damit einmalige Chancen, sich Ihren Marktpartnern auf einer optimalen Plattform zu präsentieren und sie durch einen werbewirksamen Auftritt zu beeinflussen. ■

Für einen erfolgreichen Messeauftritt sollten Sie auf Folgendes achten:

Wählen Sie die richtige Messe

Entscheidend ist zuerst, dass Sie die richtige Messe auswählen. Die richtige Messe ist jene Leitmesse, wo sich alle relevanten Marktteilnehmer – das sind Ihre wichtigsten Markführer und unmittelbare Konkurrenten, die wichtigsten Einkäufer/Fachbesucher und die Medien – auf einer Plattform treffen.

Durch Planung zu einem reibungslosen Ablauf

Einen erfolgreichen Messeauftritt müssen Sie genau planen, vorbereiten und vor allem müssen Sie einen reibungslosen Messeablauf organisieren.

Setzen Sie sich klare Ziele

Definieren Sie für Ihren Messeauftritt genaue Ziele und berücksichtigen Sie dabei Ihr gesamtes Kommunikationskonzept. Ihr Messeauftritt muss inhaltlich und visuell in Ihr übriges Werbe-Erscheinungsbild integriert werden. Dies ist besonders für den Standbau und die Standausstattung wichtig.

Setzen Sie klassische Werbemittel ein

Mit Hilfe der klassischen Werbung können Sie nicht nur im Vorfeld auf Ihren Messeauftritt aufmerksam machen, sondern auch während der Messe Ihren Auftritt durch spezielle Messeprospekte, Werbegeschenke, Messe-Incentives etc. unterstützen.

Kontrollieren Sie Ihren Erfolg

Es ist wichtig, dass Sie Ihren Messeauftritt sehr schnell nachbereiten und den Erfolg kontrollieren.

Werben Sie im Internet

Werbung im Internet wird immer beliebter. Im Internet lässt sich die Werbung sofort und weltweit aktualisieren, und der Nutzer kann direkt durch das Internet z. B. per E-Mail reagieren. Allerdings ist zumindest heute die Reichweite von Internetwerbung noch gering, aber dies wird sich aufgrund der explosionsartigen Verbreitung des Internets sehr schnell ändern.

Die Möglichkeiten der Werbeformen im Internet werden immer vielzähliger. Neben dem eigenen Unternehmensauftritt im Internet mit einer so genannten Homepage sind die wichtigsten Werbemöglichkeiten, die sich zur Zeit durchgesetzt haben:

- Banner-/Logo- und Buttonwerbung: Nach Anklicken bestimmter Werbeflächen einer Webpage (Internetseite) landen Sie direkt auf der Homepage oder einer bestimmten Angebotsseite. Das Werbebanner, -logo oder -button ist meist am oberen Rand auf einer Webpage eingeblendet und kann von anderen Graphiken umgeben sein, um die Aufmerksamkeit zu steigern. Bei einigen Websites wechseln die Werbebanner alle 10 Minuten oder werden hintereinander an derselben Stelle eingeblendet, wobei die Anzahl und die Einblendzeit variabel sind. Zusätzlich können auch noch spezielle Effekte, wie Animation oder Soundsequenzen, eingeblendet werden, um die Aufmerksamkeit zu erhöhen.

- Werbung mit Editorial Links: Hier werden Links auf Ihre Homepage in das redaktionelle Angebot des jeweiligen Anbieters eingebunden. Diese sind teilweise gewöhnlich gratis.
- Sponsorship-Werbung: Bei der Sponsorship-Werbung zahlen Sie nicht für eine kleine Werbefläche, sondern Sie finanzieren einen Online-Auftritt. Durch Einblendung des Firmenlogos wird der Sponsor auf der Website erwähnt. Das Logo ist wiederum mit dem Internetauftritt des Sponsors per Link verbunden.

Die Umsetzung der werbespezifischen Aktivitäten im Internet erfordert ein hohes Maß an kreativem und technischem Know-how. Aufgrund der technischen Möglichkeiten und Entwicklungen im Internet sollten Sie in diesem Bereich mit einer Internetagentur zusammenzuarbeiten, die sich auf die kreative und technische Umsetzung von Werbeaktivitäten im Internet spezialisiert hat.

Wie Sie den Erfolg Ihrer Werbung kontrollieren

Werbung ist eine Investition. Wie bei allen betriebswirtschaftlichen Investitionen müssen Sie sich auch bei der Werbung Informationen darüber beschaffen, ob Sie die Kosten Ihrer Werbeinvestition sinnvoll eingesetzt oder Fehlinvestitionen getätigt haben. Sinnvoll eingesetzt heißt in diesem Zusammenhang, ob Sie Ihre Werbeziele auch tatsächlich durch die Werbeaktivitäten erreicht haben. Die schriftliche Festlegung Ihrer Werbeziele ist daher die Basis für die Kontrolle Ihres Werbeerfolgs.

> ■ Die Werbeerfolgskontrolle überprüft, ob die angestrebten Werbeziele durch die durchgeführten Werbemaßnahmen erreicht worden sind.

Der Erfolg Ihrer Werbung ist leider nicht einfach zu benennen. Werbeerfolg ist nicht gleich Verkaufserfolg. Hinter der Beeinflussung des Kaufverhaltens stehen viele Faktoren. Die Werbung ist nur ein Faktor; Beratung des Händlers, die Empfehlungen von Freunden und Bekannten sind andere. Erst das Zusammenspiel der Faktoren erklärt mehr oder weniger den Werbeerfolg.

Im ersten Kapitel wurde schon gesagt, dass es weder „die Werbung" noch „die Werbewirkung" gibt. Deshalb kann es auch nicht den Nullachtfünfzehn-Test für die Werbewirkung geben. Der Erfolg von emotionaler Werbung muss anders kontrolliert werden als der von informativer Werbung; Werbung für stark involvierte Empfänger anders als für wenig involvierte Empfänger etc.

> ■ Die Werbewirkung können Sie vor Aussendung der Werbebotschaft bereits in Ihrer Werbeplanungsphase mit einem so genannte Pre-Test und nach dem Einsatz der Werbemittel mit einem so genannten Post-Test prüfen.

Den Pre-Test oder auch den Post-Test können Sie entweder durch Ihre Werbeagentur oder mit Hilfe eines Marktforschungsinstituts durchführen.

Wie führen Sie einen Pre-Test durch?

Um das Investitionsrisiko der Werbung zu minimieren, sollten Sie bereits in der Phase der Werbeplanung die Wirksamkeit Ihrer Werbemaßnahmen prüfen. Mit Hilfe von Pre-Tests erhalten Sie Anhaltspunkte, wie Sie die Gestaltung Ihrer Werbemittel verbessern können. Pre-Tests untersuchen die optimale Aussagekraft der Werbemittel und vermindern das Risiko Misserfolge zu erleiden.

Meistens werden mehrere Entwürfe einer Überprüfung unterzogen, um die vergleichsweise Besten herauszufinden. Für die Untersuchung der Werbemittel gibt es eine Reihe von unterschiedlichen Verfahren. In der Praxis werden folgende am häufigsten verwendet:

- die qualitative Konzeptbewertung durch Konsumenten,
- die vergleichende Bewertung durch Testpersonen,
- die Expertenbeurteilung.

Lassen Sie Ihr Werbekonzept qualitativ bewerten

Bei der qualitativen Konzeptbeurteilung lassen Sie Ihr Werbekonzept mit Hilfe eines Bewertungs-Fragebogens durch potenzielle Konsumenten beurteilen. Sie können die Befragung bei Testpersonen einzeln durchführen oder in Form einer Gruppendiskussion mit allen Testpersonen zusammen, wobei Sie nicht mehr als 10 Testpersonen einladen sollten. Durch die Befragung können Sie ermitteln, ob Ihr Werbekonzept in die richtige Richtung geht, Ihre Zielgruppe die Werbebotschaft richtig interpretiert oder ob Sie vollkommen an den Vorstellungen der Zielgruppe vorbeidenken. Es geht dabei aber nicht darum, ob der Zielgruppe die Werbung gefällt oder nicht, sondern darum, die Wirkung der Werbung zu testen.

Sie können die Befragten entweder Punkte von 0 bis z. B. maximal 20 vergeben lassen, oder Sie stellen zwei Extrempole gegenüber, wie z. B. lebendige Werbung oder ruhige Werbung, und lassen die Befragten ihre Eindrücke auf einer 5er-Skala ankreuzen. Folgende Punkte sollten Sie bei der Befragung berücksichtigen:

Checkliste: Wie gut ist Ihr Werbekonzept?

Erregt die Werbung die Aufmerksamkeit und das Interesse der Testpersonen?	✔
Ist die Werbeaussage glaubwürdig?	
Ist die Werbedarstellung überzeugend?	
Denkt die Testperson beim Betrachten der Werbung, dass das Produkt für sie nützlich sein könnte?	
Ist die Werbung lebendig oder ruhig?	
Ist die Botschaft und der beschriebene Vorteil des Produkts und/oder der Dienstleistung klar?	

Lassen Sie Ihre geplante Werbung mit anderen vergleichen

Bei diesem Verfahren wird den Testpersonen eine kleine Sammlung von Werbungen vorgelegt, z. B. Anzeigen, Poster, Spots. Die Testpersonen können diese so lange wie sie möchten anschauen, studieren oder durchlesen. Fragen Sie nun die Testpersonen, an welche Werbung sie sich erinnern und welche Einzelheiten sie darüber erzählen können. Diese Ergebnisse können zeigen, inwieweit Ihre Werbung Aufmerksamkeit und Interesse erregt, ob die Werbebotschaft richtig verstanden wurde und ob Ihre Werbung als zu austauschbar betrachtet wird.

Lassen Sie Ihre Werbung durch Experten beurteilen

Experten sind in diesem Fall Werbefachleute aus der Praxis oder aus der Wissenschaft. Ihre Werbeagentur kann Ihnen relevante Experten nennen. Die Beurteilung durch Experten hat den Nachteil, dass deren Aussagen nicht unbedingt für Ihre Zielgruppe repräsentativ sind. Aber Sie können mit Hilfe von psycho-technischen Prüfverfahren die Wirkung Ihrer Werbung untersuchen. Neben den oben genannten Fragen der qualitativen Bewertung des Werbekonzepts können Sie noch folgende Fragen beantworten lassen:

Checkliste: Was Experten beurteilen

- Ist die Werbemittel-Platzierung richtig?
- Sind die Elemente der Werbung innerhalb des Werbemittels richtig platziert?
- Lenken die richtigen provozierenden Elemente den Blick zur Werbebotschaft?
- Stimmt die Werbemittel-Größe?
- Wird die Wahrnehmungsmöglichkeit des Betrachters überfordert?
- Ist die Farbauswahl passend und wird die Aufmerksamkeit durch die Farbwahl positiv beeinflusst?

Führen Sie einen Post-Test durch

Post-Tests untersuchen nach oder während einer Werbekampagne, inwieweit die angestrebten Werbeziele erreicht wurden und geben so Hinweise, ob die Werbekampagne effizient war.

Analog zur Festlegung von Werbezielen wird bei den Post-Tests unterschieden in
- ökonomische Werbeerfolgskontrollen und
- außerökonomische Werbeerfolgskontrollen.

Kontrollieren Sie Ihren ökonomischen Werbeerfolg

Bei der Kontrolle des ökonomischen Werbeerfolgs geht es darum, die Veränderungen der wirtschaftlichen Zielgrößen wie Umsatz, Gewinn oder Marktanteil zu ermitteln. Die Messung des ökonomischen Werbeerfolgs ist aber eher problematisch. Dies liegt vor allem daran, dass der Werbeerfolg (z. B. Umsatz) nicht ausschließlich auf die Werbung zurückzuführen ist. Die anderen Marketing-Instrumente, wie die Preis-, Produkt- und Distributionspolitik, beeinflussen ebenfalls den Markt- bzw. den ökonomischen Erfolg.

In der Praxis haben sich zur Messung des ökonomischen Werbeerfolgs folgende Ansätze durchgesetzt:

- Gebiets-Verkaufstests,
- Netapps-Methode,
- „Bestellung unter Bezugnahme auf Werbemittel"-Verfahren (so genannte BuBaW-Verfahren).

Messen Sie den ökonomischen Werbeerfolg durch Gebiets-Verkaufstests

Bei dem Gebiets-Verkaufstest brauchen Sie mindestens zwei vergleichbare Orte, Städte oder auch Einzelhandelsgeschäfte, die als Test- bzw. als Kontrollmarkt dienen können. Der Test- und der Kontrollmarkt müssen hinsichtlich der Zielgruppenstruktur weitgehend gleich sein, und die Werbemaßnahme des Testmarktes darf den Kontrollmarkt nicht beeinflussen. Ihre Testperiode sollte so dauerhaft sein, dass sich die werbebedingten Umsatzerhöhungen auch wirklich realisieren lassen. In dem Testmarkt führen Sie Ihre Werbekampagne wie geplant durch, in dem Kontrollmarkt nicht. Der Werbeerfolg wird berechnet als die Differenz zwischen dem im beworbenen Testmarkt und dem im unbeeinflussten Kontrollmarkt erzielten Umsatz.

Beispiel
In einem Testladen erzielte ein Büromöbelhersteller vor dem Einsatz der Werbekampagne einen Umsatz von DM 300 000 pro Quartal. Nach der Werbekampagne lag der Umsatz bei DM 400 000 pro Quartal. Der Hersteller verkaufte in dem Kontrollladen pro Quartal DM 250 000 Büromöbel. Nachdem die Werbekampagne in dem Testladen durchgeführt wurde, erzielte der Hersteller in dem Kontrollladen DM 280 000 pro Quartal. Der werbebedingte Umsatzerfolg war demnach:

(DM 400 000 – DM 300 000) – (DM 280 000 – DM 250 000) = DM 70 000

Kontrollieren Sie den ökonomischen Werbeerfolg mit Hilfe der Netapps-Methode

Bei der Netapps-Methode wird nur eine Befragung in einem Gebiet durchgeführt. Nach der Werbekampagne wählen Sie repräsentativ Personen aus, welche die Werbung gesehen oder gelesen haben und andere, bei denen dies nicht zutrifft. Danach wird ermittelt, wieviele die Werbung gesehen bzw. gelesen haben und das Produkt gekauft haben und wie viele die Werbung nicht gesehen oder gelesen haben und das Produkt trotzdem kauften. Die Differenz des Prozentsatzes zwischen diesen beiden Käufergruppen ergibt den Umsatzeffekt.

Beispiel
Ein Zeitarbeitsunternehmen hat eine Anzeigenkampagne in einer Tageszeitung durchgeführt. Nach der Kampagne wurde eine repräsentative Stichprobe von 400 Personen ausgewertet. 150 haben die Anzeige gese-

hen und 50 davon bei dem Zeitarbeitsunternehmen nach Zeitarbeitskräften angefragt. 250 haben die Anzeige nicht gesehen/wahrgenommen. Von denen haben 15 bei dem Zeitarbeitsunternehmen angefragt. Der Umsatzeffekt beträgt: $50/150 \cdot 100 - 15/250 \cdot 100 = 7{,}3\ \%$.

Versehen Sie das Werbemittel mit einer Bestellkarte/ Coupon

Bei dem BuBaW-Verfahren (Bestellung unter Bezugnahme auf Werbemittel) werden die Werbemittel (beispielsweise Kataloge, CD-Roms, Internet-Werbung, Direkt-Mailings) mit einer Bestellkarte oder einem Coupon versehen. Die Rücklaufquote gilt dann als Indiz für den Werbeerfolg. Der Streuerfolg gibt an, wie viele Bestellungen von den insgesamt ausgesendeten Bestellkarten eingegangen sind.

Beispiel
Eine Bank stellte in ihrer Internet-Homepage ihre Serviceprogramme vor. Per E-Mail konnte man Informationen anfordern und sich für die Serviceprogramme wie E-Mail-Banking, Ticket-Service etc. anmelden. Die Homepage wurde in einem bestimmten Zeitraum von 10 000 Internet-Benutzern besucht. Die Bank erhielt 4 000 E-Mail-Antworten, wovon sich 2 000 für die Programme anmeldeten. Der Streuerfolg lag damit bei 20 %.

Kontrollieren Sie Ihren außerökonomischen Werbeerfolg

Mit Hilfe von außerökonomischen Post-Tests können Sie untersuchen, ob Ihre Werbung überhaupt gesehen wurde, welche Kenntnisse über das Werbeobjekt vermittelt wurden und welche Aussage die Zielgruppe gespeichert hat. Letztendlich soll die Werbewirkung an Einstellung und Verhalten sowie der

Kaufabsicht gemessen werden. Bis es zur Kaufabsicht bzw. zum Kauf kommt, durchlaufen die beworbenen Personen viele Wirkungsstufen.

Zur Messung der Wirkungsstufen haben sich folgende Verfahren in der Praxis durchgesetzt:

- Wiedererkennungstest
- Erinnerungstest
- Motivations- und Einstellungstest

Führen Sie einen Wiedererkennungstest durch

Mit dem Wiedererkennungstest wird untersucht, wie bekannt den Testpersonen eine bestimmte Werbekampagne ist. Die Testpersonen blättern mit einem Interviewer z. B. eine ganze Zeitschrift durch. Nach jeder Seite mit einer Anzeige wird die Testperson gefragt, ob sie die Werbeanzeige wiedererkennt. Dabei wird ermittelt, ob die Testperson die Anzeige nur flüchtig gesehen, genauer betrachtet oder sogar gelesen hat. Das Gleiche kann auch für Funk-/Fernsehspots oder Internetanzeigen geschehen.

Die Methode ist jedoch problematisch, da nicht kontrolliert werden kann, inwieweit die Erinnerungsleistung durch andere Werbung im Umfeld oder durch sonstige Tagesereignisse außerhalb der Befragungssituation beeinflusst wurde.

Häufig wird auch das kontrollierte Wiedererkennungsverfahren eingesetzt. Bei diesem Test werden den Testpersonen präparierte Ausgaben von z. B. Zeitschriften vorgelegt. In den

Zeitschriften befinden sich veröffentlichte und „unechte" Anzeigen. Beim Durchblättern der Zeitschrift soll die Testperson wieder angeben, ob sie die Anzeige gesehen, teilweise gesehen oder gelesen hat. Danach vergleicht man die Wiedererkennung der unechten Anzeige mit der tatsächlich veröffentlichten Anzeige und ermittelt so die „wahre" Wiedererkennung.

Untersuchungen zeigen, dass der Wiedererkennungstest auch eine Aussage darüber treffen kann, ob der Befragte das Werbemittel überhaupt für beachtenswert hält. Allerdings müssen Sie berücksichtigen, dass häufig mehr als wiedererkannt angegeben wird als tatsächlich gesehen wurde. Dies geschieht insbesondere bei bekannten Marken.

Führen Sie einen Erinnerungstest durch

Bei dem Erinnerungstest unterscheidet man solche mit gestützter und solche mit ungestützter Erinnerung. Bei dem ungestützten Erinnerungstest wird die Testperson gefragt, ob sie sich an eine bestimmte Werbekampagne erinnert.

Beispiel für ungestützten Erinnerungstest:
Wenn Sie an die Zeitschrift „Focus" denken, an welche Werbung erinnern Sie sich?

Mit diesem Test kann festgestellt werden, wie die quantitative Reichweite des Werbeträgers ist, welche Werbemittel generell wahrgenommen werden, welche Elemente der Werbemittel auffielen und wie die Werbung gefallen hat.

Bei dem gestützten Erinnerungstest werden den Testpersonen Erinnerungshilfen zur Verfügung gestellt, wie z. B. Listen mit

Markennamen, Markenzeichen oder unvollständige Werbemittel. Diese Testmethode gibt Auskunft über die passive Bekanntheit von Werbekampagnen.

Ein hoher Erinnerungswert sagt aber noch nichts über die Qualität der Werbewirkung aus. Konsumenten können sich auch an Werbung erinnern, die durch ihre besonders störende Art auffällt. Aber trotzdem ist der Erinnerungs- und Gedächtniswert sehr wichtig, da er zeigt, dass Aufmerksamkeit geweckt wurde, was der Einstieg in erfolgreiche Werbung ist. Die Gedächtniswirkung ist eine notwendige Bedingung für eine geänderte Einstellung und für die Kaufabsicht.

Führen Sie Motivations- und Einstellungstests durch

Die Motivations- und Einstellungstests gehen davon aus, dass zwischen Einstellung und Kauf eine positive Beziehung besteht.

Bei der Motivationsforschung werden Testpersonen aufgefordert, sich frei darüber zu äußern,

- woran sie bei der Betrachtung des Werbemittels gedacht haben und
- welche Gedanken sie sich zu dem Werbemittel und der Werbebotschaft machen.

Die Analyse der Einstellungstests soll anhand der Aussagen zeigen, ob das Werbemittel eine positive Grundhaltung erzeugte, welches Image aufgebaut wurde sowie ob eine Kaufabsicht zu Stande kam. Hierzu gibt es verschiedene Messansätze und -techniken. Die Bekannteste ist die so genannte

Lotteriemethode. Bei dieser Methode darf die Testperson als Belohnung für seine Mitarbeit ein Los ziehen, das sie im Falle des Gewinns in den Besitz eines bestimmten Produkts bringt. Die Testperson kann den Hersteller und die Marke frei wählen. Die Einstellung zum Hersteller und dem jeweiligen Produkt kann schließlich aus der Nennung und Begründung für die Wahl der Marke bzw. des Herstellers herausgefunden werden.

Was Sie bei der Werbeerfolgskontrolle beachten müssen

Der Erfolg einer Werbemaßnahme kann nicht exakt gemessen werden. Dafür gibt es mehrere Gründe, die Sie bei Ihrer Werbeerfolgskontrolle berücksichtigen müssen:

- Der Werbeerfolg kann auch durch andere marketingpolitische Instrumente, z. B. PR- oder Verkaufsmaßnahmen, beeinflusst sein.
- Frühere Werbemaßnahmen/-kampagnen können sich noch immer positiv auf den jetzigen Werbeerfolg auswirken.
- Der Werbeerfolg lässt sich nicht nur auf die Werbekampagne eines Produkts und einer Dienstleistung zurückführen. Zurückliegende oder gleichzeitige Werbemaßnahmen für andere Produkte des Unternehmens oder Imagewerbung für das Unternehmen kann den Werbeerfolg der derzeitigen Werbekampagne positiv bzw. negativ beeinflussen.

Literatur

Behrens, Gerold, *Werbung*, München 1996

Bhattacharjee, Edda, *Profi-Marketing im Internet*, Freiburg 1998

Ewald, Christina, *Werbung für Einsteiger*, Freiburg i. Br. 1999

Kalka, Regine/Mäßen, Andrea, *Marketing*, Planegg 1998

Kroeber-Riel, Werner, *Strategie und Technik der Werbung*, Stuttgart 1998

Mäßen, Andrea, *Werbemittelgestaltung im vorökonomischen Werbewirkungsprozeß*, Wiesbaden, 1998

Nickel, Volker, *Werbung in Grenzen*, Bonn 1994

Schneider, Karl/Pflaum, Dieter, *Werbung in Theorie und Praxis*, Waiblingen 1997

Schweiger, Günter/Schrattenecker, Gertraud, *Werbung*, Stuttgart 1995

Strothmann, Karl-Heinz/Busche, Manfred, *Handbuch Messemarketing*, Wiesbaden, 1992

Zentralverband der deutschen Werbewirtschaft, *Jahrbuch Deutscher Werberat*, Bonn 1999

Krämer, Andreas/Wilger, Gerd, *Marktforschung*, Planegg 1999

Stichwortverzeichnis

Anzeigen 53 ff.
Ausstellung 110
Bilder 36
Copy Strategie 51
Deutscher Werberat 67
Erfolgskontrolle 69 ff., 113/119 ff.
Fachbegriffe 97 ff.
Farben 43
Fernsehspot 56/89 ff.
Hörfunkspot 58/83 ff.
Informationsquelle 102 ff.
Internet 112
Kaufentscheidung 14
Kinowerbung 86 ff.
Konsumenten 10 ff.
Marketing 9
Marketinginstrument 9
Messe 110
Plakat 59/92 ff.
Post-Test 118
Pre-Test 115
Reklame 10
Sprache 38
Werbeagentur 33
Werbeaktivitäten 19 ff
Werbebotschaft 35 ff./45 ff.
Werbebudget 26 ff.
Werbeerfolg 119 ff.
Werbegesetz 62 ff.
Werbemedien 69 ff./107 ff.
Werbeplanung 20 ff.
Werbewirkung 14 ff.
Werbeziele 22 ff.
Werbung – Aufgaben 11
Werbung – Definition 10
Werbung – Einflussfaktoren 14
Zeitschrift 78 ff.
Zeitung 72 ff.
Zielgruppe 28 ff.
Zielgruppenfestlegung 31

Eine Internet-Adresse für Clevere:

http://sts-verlag.de

Endlich die Online-Adresse für alle, die mehr Wissen wollen. Sie finden **Checklisten,** mit denen Sie Ihre Führungsqualitäten prüfen. Unternehmer, Geschäftsführer oder Abteilungsleiter bekommen in den **Manager-Tests** hilfreiche Tipps um ihre Fähigkeiten zu optimieren. Damit Sie sich auf dem internationalen Finanz-Parkett noch sicherer bewegen, führt Sie das **STS-Börsen abc** durch den Dschungel der Investment-Sprache. Sie erhalten jeden Tag einen guten **Ratschlag,** einen guten **Tipp,** z.B. über Steuern, Geld, Beruf, Datenverarbeitung. Zum Aufpeppen Ihrer nächsten E-mail stehen Ihnen kostenlos unsere bereits legendären **Web-Cards** zur Verfügung. Und selbstverständlich finden Sie auch sämtliche **Produktinformationen.** Besuchen Sie uns. Sie können nur gewinnen. Hier nochmal unsere Adresse:

http://sts-verlag.de